"YIDAIYILU"CHANGYI XIA
JIAOTONG JICHU SHESHI YU CHANYE JIEGOU DE
HUDONG JIZHI YANJIU

"一带一路"倡议下交通基础设施与产业结构的互动机制研究

王一佼　著

中国财经出版传媒集团
经济科学出版社
Economic Science Press

图书在版编目（CIP）数据

"一带一路"倡议下交通基础设施与产业结构的互动
机制研究/王一佼著．－－北京：经济科学出版社，
2022.12

ISBN 978－7－5218－2631－9

Ⅰ．①一⋯　Ⅱ．①王⋯　Ⅲ．①交通运输建设－基础设
施建设－关系－产业结构升级－研究－中国　Ⅳ.
①F512.3②F269.24

中国国家版本馆 CIP 数据核字（2023）第 012206 号

责任编辑：刘　莎
责任校对：王京宁
责任印制：邱　天

"一带一路"倡议下交通基础设施与产业结构的互动机制研究

王一佼　著

经济科学出版社出版、发行　新华书店经销

社址：北京市海淀区阜成路甲 28 号　邮编：100142

总编部电话：010－88191217　发行部电话：010－88191522

网址：www.esp.com.cn

电子邮箱：esp@esp.com.cn

天猫网店：经济科学出版社旗舰店

网址：http://jjkxcbs.tmall.com

固安华明印业有限公司印装

710×1000　16 开　14.75 印张　220000 字

2022 年 12 月第 1 版　2022 年 12 月第 1 次印刷

ISBN 978－7－5218－2631－9　定价：69.00 元

（图书出现印装问题，本社负责调换。电话：010－88191510）

（版权所有　侵权必究　打击盗版　举报热线：010－88191661

QQ：2242791300　营销中心电话：010－88191537

电子邮箱：dbts@esp.com.cn）

前　言

　　基于我国经济已经迈向高质量发展阶段，对交通基础设施投资和产业结构转型升级均具有迫切需求。我国在实施经济高质量发展的工作部署中将深化供给侧结构性改革作为主线，而交通运输作为衔接供需两端的重要纽带，其在提升供给体系质量以及提高供需匹配效率等方面发挥着非常重要的作用。为了强化交通运输在现代经济体系的支撑与先导作用，现阶段的重要任务是要深入推进交通强国建设，同时基于交通强国的发展目标，我国交通基础设施发展将迎来更加宝贵的"黄金时期"。作为现代化经济体系的重要组成部分，现代化产业体系也是推动经济高质量发展的关键所在。而建设现代化产业体系具体是以调整产业结构为重点，通过供给侧结构性改革、改造提升传统产业以及创新引领新产业发展来推动产业结构转型升级，以实现我国产业从价值链中低端向高端的跨越。"一带一路"倡议的提出，不仅能够有力推动交通基础设施的投资建设，而且也为产业结构转型升级带来了新的发展机遇。理论层面上，交通基础设施投资与产业结构转型升级之间存在一定相互作用，因此从实证角度探究我国交通基础设施投资与产业结构转型升级之间的互动关系和作用机制，并考察"一带一路"倡议的实施对两者之间的机制作用所产生的影响，对推动我国经济高质量发展具有重要意义。

　　基于此，本书以"一带一路"倡议的实施为研究背景，进行研究的总目标在于：一是测算交通基础设施投资水平和衡量产业结构转型升级状况，验证"一带一路"倡议分别对交通基础设施投资和产业结构转型升级具有显著的政策影响，从而为本书后续研究奠定重要的政策背景；二是从动态视角下考察交通基础设施投资与产业结构转型升级之间短期和长期互动关系；三是基于对交通基础设施投资与产业结构转型升级之间互动关系的讨论，理论分析和实证检验两者之间的互动作用机制，并考察"一带一路"倡议的实施对两者之间的机制作用所产生的影响。本书的主要研究工作和结论如下。

（1）"一带一路"倡议实施的政策影响评价。该部分内容首先利用 RAM 模型对衡量交通基础设施投资水平的交通基础设施经济与环境联合效率进行测度，从产业结构高度化水平和产业结构合理化水平两个维度对产业结构转型升级状况进行衡量。其次，通过理论分析假设了"一带一路"倡议的实施分别对我国沿线地区交通基础设施投资水平的提高和产业结构转型升级具有积极促进作用，然后利用 DID 模型对以上假设进行了实证检验，结果论证了"一带一路"倡议的实施显著促进了我国沿线地区交通基础设施投资水平的提升，以及"一带一路"倡议的实施主要是通过提高产业结构高度化水平对产业结构转型升级产生显著促进作用。

（2）交通基础设施投资和产业结构转型升级的互动关系分析。该部分内容主要基于测度得到的交通基础设施投资水平和产业结构转型升级状况，利用 PVAR 模型从动态角度对两者之间在短期和长期的互动关系进行讨论。基于产业结构转型升级是从产业结构高度化和产业结构合理化两个维度进行考虑，同时结合短期和长期的互动关系分析结果，得出全国样本下交通基础设施投资与产业结构转型升级具有显著的相互促进关系，而分地区来看该结果存在异质性情况。具体地，东部地区样本下交通基础设施投资对产业结构转型升级没有显著促进作用，相反，产业结构转型升级则能显著促进交通基础设施投资水平的提升；中、西部地区样本下均存在交通基础设施投资与产业结构转型升级具有显著的相互促进关系。

（3）交通基础设施投资对产业结构转型升级的作用机制分析。该部分内容首先从资源要素合理流动和优化配置的视角基于理论分析假设了交通基础设施投资可以通过扩大市场需求、改善资源错配和进行技术创新三条作用路径来间接促进产业结构转型升级，然后利用中介效应模型对以上作用机制进行实证检验，所得结论与理论分析存在一定差异，现实中交通基础设施投资可以通过扩大市场需求和进行技术创新促进产业结构转型升级，但未能通过改善资源错配促进产业结构转型升级。其次，通过理论分析假设了交通基础设施投资对市场需求水平、资源配置水平和技术创新水平三个中介变量产生影响的路径会受到"一带一路"倡议的正向调节，然后利用有调节的中介效应模型进行实证检验并对以上假设进行了论证。

（4）产业结构转型升级对交通基础设施投资的作用机制分析。该部分内容首先从交通运输需求变化的视角基于理论分析假设了产业结构转型升级可以通过交通运输结构调整的作用路径来间接促进交通基础设施投资水平的提升，然后利用中介效应模型进行实证检验并对以上作用机制进行了论证。其次，通过理论分析假设了产业结构转型升级对交通运输结构调整的中介变量产生影响的路径受到"一带一路"倡议的正向调节，然后利用有调节的中介效应模型进行实证检验并对以上假设进行了论证。

本书在总结研究结论的基础上提出了关于如何进一步强化"一带一路"倡议实施的交通基础设施投资水平促进效应和产业结构转型升级促进效应；如何主动适应市场需求变化、改善资源错配和强化技术创新；如何基于产业结构转型升级要求，从供给侧角度优化我国交通运输结构的相关对策建议。

作者

2022 年 10 月

目　录

第1章

绪　　论

1.1　研究背景与问题的提出

1.1.1　研究背景

本书研究背景具体有以下几个方面：

（1）交通基础设施建设和产业结构调整面临服务经济高质量发展的要求。

自中华人民共和国成立尤其是改革开放 40 多年以来，我国交通基础设施建设取得了世人瞩目的成就，在很多方面已处于世界前列。其主要表现方面：交通基础设施规模实现世界领先，根据《2019 年交通运输行业发展统计公报》，截至 2019 年底，综合交通网总里程已经突破 500 万公里，高速公路里程 14.96 万公里和高速铁路里程 3.5 万公里、港口万吨级泊位 2 520 个、城市轨道交通运营里程超 6 700 公里等，均居世界第一。运输服务保障能力呈现大幅提升，在公路客货运输量及周转量、铁路货运量及旅客周转量、港口集装箱吞吐量及货物吞吐量、邮政快递业务量等方面均居世界第一，在民航旅客及货邮周转量等方面居世界第二。科技创新能力持续提升，铁路、公路和港口等建设水平处于国际领先地位，"复兴号"动车组以及C919大型客机等一些自主研制的高性能交通运输装备也得到逐步应用。随着交通运输改革的不断推进，交通运输领域发生了历史性变化，我国已经由"交通大国"正式向"交通强国"迈进。交通运输作为支撑国民经济发展的重要基础、先导、战略性产业，交通基础设施的不断建设和完善对国民经济发展、区域协调和改善民生等方面都做出了重要贡献。

产业结构是衡量一个国家经济发展水平的重要标志。新中国成立70多年来，在中国共产党的领导下，我国取得了发达国家需要经历上百年才实现的工业化成果，成功由过去落后的农业国建设成为如今体系完整、门类齐全的工业国，其产业结构的发展变化令世人瞩目。尤其是改革开放以来，我国先是重点发展以工业为核心的第二产业，实施以第二产业为主导并且协调第一、第三产业发展的产业结构政策，经济规模得以迅速扩张，这为我国在短时期内建立起较为完备的工业体系创造了所需条件，也为国民经济快速发展奠定了坚实基础，但自2006年第二产业增加值占GDP的比重达到峰值47.95%之后便开始下降。2013年前后我国经济发展步入"新常态"，"三期叠加"特征明显，产业发展条件和环境发生了深刻变化，产业结构也产生了重大调整，2012年第三产业增加值占GDP的比重历史上第一次超过第二产业比重，之后2013~2020年我国三次产业结构比例从8.9∶44.2∶46.9调整为7.7∶37.8∶54.5，第三产业成为各产业增速的领跑者，成为经济增长的核心贡献力量。

党的十九大报告中指出："我国经济已由高速增长阶段转向高质量发展阶段"，这是基于我国新时代经济发展呈现出的阶段性变化和特征所作出的科学论断。推进经济高质量发展既是推动经济持续健康发展的必然选择，也是正确把握我国社会主要矛盾变化和决胜全面建成小康社会、协调推进全面建设社会主义现代化国家的必然要求，更是进一步认识和遵循经济规律发展的必然趋势。由此可知，推动经济由高速增长向高质量发展已经成为当前我国经济发展的首要任务，2017 年召开的中央经济工作会议中也对如何推动高质量发展提出了八项重点工作部署，其中将深化供给侧结构性改革作为经济高质量发展的主线以推动经济发展在质量、效率和动力等方面的变革。交通运输作为衔接供需两端的重要纽带，在提高供需匹配效率和提升供给体系质量等方面发挥着重要作用。为强化交通运输在现代经济体系的支撑与先导作用，2019 年党中央、国务院联合印发《交通强国建设纲要》明确要加快推进交通强国建设，其不仅高质量发展要求在交通运输领域有所体现，而且更有助于推动经济高质量发展。推动交通强国顺应高质量发展的重点建设目标是建设举世公认的一流现代化综合交通体系，随着我国工业化和新型城镇化水平的不断提高，对如何降低交通运输成本、提高交通运输效率与质量提出了更高要求，可见为了实现运输体系整体效能的提升，对发展综合交通运输具有迫切要求。从发展的实际情况来看，现阶段虽然我国综合交通运输体系取得了一定建设成就，但是各种运输方式之间融合不深、衔接不畅以及共享不足等问题依然存在，需要着力促进各种运输方式一体化融合发展，加快形成既安全又便捷、既经济又绿色高效的现代化综合交通体系。具体在建设综合交通体系的过程中需要从基础设施、科技创新、运输服务和制度保障等方面入手，虽然我国在这些方面已取得较大成就但质量和效应还不高，创新能力还不强，需要对标国际一流交通运输水平，以建设"三张交通网"为重点坚定打造一流设施，以发展智能化、绿色化、高速化和重载化等为趋势坚定打造一流技术，以实现"两个交通圈"为目标坚定打造一流服务，以推进行业治理体系和治理能力现代化为内容坚定打造一流管理。基于交通强国发展目标，从 2021~2035 年基本建成交通强国，再从 2036 年到 21 世纪中叶全面建设成为人民满意、保障有力以及世界前列的交通强国，为全面建设社会主义现代化国家当好"先行官"，我国交通基础设施发展将迎来更加宝贵的"黄金时期"。现代化产业体系作为现代化经济体系的重要组成部分，如何加快现代化产业体系构建是推动经济高质量发展的关键所在。建设现代化产业体系是以调整产业结构为重点，通过供给侧结构性改革、改造提升传统产业以及创新引领新产业发展来推动产业转型升级，以实现我国产业从价值链中低端向高端的跨越。虽然我国产业结构调整取得了突出成绩，但是产业结构仍然以劳动密集型、重化工型产业为主，技术密集型和知识密集型产业发展不足，高技术制造业增加值占规模以上工业比重较低，服务业结构虚高，主要以传统服务业为主，生产性服务业发展不足，金融和房地产占比过高，对实体经济的支撑不足。基于现阶段产业结构调整现状仍与高质量发展要求存在较大差距，国家发展改革委发布了《产业结构调整指导目录（2011 年本）（修正）》修正版，即《产业结构调整指导目录（2019 年本）》，其中对新时期如何进行产业结构的优化调整提出了明确目标和导向。为了促进存量资源的优化配置、增加优质增量的有效供给、实现产业向着全球价值链中高端迈进以有力推动经济高质量发展，未来我国产业结构调整将呈现四大发展趋势，服务引领、制造支撑将成为产业结构升级的主基调，产业融合发展将成为产业结构演变的主要方向，行业分化将成为产业结构演变的常态以及生产性服务业在"补空缺"和"走出去"中将加快发展。综上所述，新时代我国为保持经济持续健康发展将推动高质量发展作为当前经济发展的首要任务，加快建设交通强国发挥交通基础设施"先行官"作用，优化产业结构调整构建现代化产业体系，都将有力推动我国经济的高质量发展。

（2）"一带一路"倡议提供了战略指引和发展机遇。

长期以来，发达国家进行对外投资主要是面向发达国家之间，对发展中国家的对外投资相对较少。尤其是全球金融危机爆发以来，以逆全球化发展为特征的国际保护主义盛行。其中美国等发达国家一改往日积极扩张的全球化战略，当前不断主张和推动制造业回流。联合国贸易和发展会议在《2019 年世界投资报告》公布的相关数据中指出，2018 年全球外国直接投资流量同比减少了 13%，其中发展中经济体的外国直接投资降幅最大。发达国家如此逆全球化思潮的出现，造成发展中国家所面临的投资需求缺口扩大，对发展中国家试图要后发赶超形成制约。随着我国发展成为世界第二大经济体，开始积极倡导"命运共同体"理念以重构全球治理新命题，目的是谋求本国发展的同时促进各国共同繁荣发展。由此，习近平总书记在 2013 年底创造性地提出共同建设"丝绸之路经济带"和 21 世纪"海上丝绸之路"的重大倡议（即"一带一路"倡议[①]），为推动全球经济体共同发展提供了国际合作新平台。共建"一带一路"以来，政策沟通、设施联通、贸易畅通、资金融通和民心相通等五通建设取得了丰硕成果。当前我国经济迈向了高质量发展阶段，高质量发展的一个重要表现是国际竞争力的提升，要提高国际竞争力就必须坚定实施对外开放政策，《中共中央关于制定国民经济和社会发展第十四个五年规划和二〇三五年远景目标的建议》中也指出，我国要"实行高水平对外开放，开拓合作共赢新局面"，而"一带一路"建设正是我国扩大对外开放的重要途径。

交通基础设施不断建设完善和产业结构持续优化升级对推动我国经济高质量发展具有积极促进作用，而"一带一路"倡议的提出毫无疑问将为交通和产业发展带来巨大的发展机遇。由于"一带一路"沿线大多为经济欠发达的发展中国家，而制约这些国家进行发展的主要"瓶颈"是在于交通基础设施的落后，因此，在"一带一路"倡议提出之后便将交通基础设施作为沿线国家实现互联互通的优先领域，并推动建设了亚洲基础设施投资银行与丝路基金等多边金融机构有效缓解了大规模基础设施建设的资金短缺。截至 2019 年 12 月，亚洲基础设施投资银行已经为沿线国家和地区的 63 个项目投入 120.4 亿美元，同时丝路基金也已签约 34 个项目总共承诺投资约 123 亿美元。自从"一带一路"倡议提出之后，我国在交通基础设施建设领域中"走出去"的项目数量呈加速增长趋势，且

[①] 对"'一带一路'倡议"的提法进行以下说明：之前国内存在把"一带一路"叫作中国的外交"战略"还是中国的国际"倡议"的争论，但基于"一带一路"提出的目的是通过开展更大范围、更高水平、更深层次的区域合作，打造开放、包容、均衡、普惠的区域经济合作架构，以此来解决本国及沿线国家经济增长和平衡问题，从这一角度来看"一带一路"是一个多元开放包容的合作性倡议；此外，新华社发布的《新华社新闻信息报道中的禁用词和慎用词（2016 年 7 月修订）》在《新华社在新闻报道中的禁用词（第一批）》的基础上新增的内容之一就是"不使用'一带一路'战略的提法，而使用'一带一路'倡议"。由此，"'一带一路'倡议"的提法比"'一带一路'战略"更加符合现实情况。

主要沿着"一带一路"打造的六大经济走廊方向展开布局,在中蒙俄经济走廊方向:途经满洲里、二连浩特和绥芬河等关键节点城市的公路和铁路口岸现已基本建成;在新亚欧大陆桥经济走廊方向,中欧班列依托亚欧大陆桥铁路通道得以高速增长,截至 2019 年底,中欧班列开行已达 21 225 列;中国—中亚—西亚经济走廊方向,相较而言选择公路连通对加强中国与中亚国家合作更为便利,中吉乌国际道路货运也已成功进行试运行;中国—中南半岛经济走廊方向,昆明至曼谷国际公路大通道全线贯通,广西南宁途经凭祥抵达越南河内的全线铁路运行平稳,中泰铁路和中老铁路合作项目一期工程已经正式开工建设,中国与新加坡正以中新互联互通示范项目为依托全面推进"陆海新通道"的建设;中巴经济走廊方向,拉合尔轨道交通橙线、卡拉奇至拉合尔的高速公路、喀喇昆仑公路升级改造二期、瓜达尔港的国际机场及疏港公路等一批重大工程项目现已启动,此外,中巴铁路连接正在进行可行性研究;孟中印缅经济走廊方向,中缅正式签署皎漂深水港项目框架协议,两国"人字形"通道现已启动。未来交通基础设施发展还需借助"一带一路"建设提供的高水平对外开放发展契机,大力支持交通基础设施更深层次融入开放型世界经济,统筹协同地缘政治、对外贸易、产能对接、资金融通、人文交流等需求,有组织有重点地优化布局和联动开发,促进设计、施工、投融资、相关装备制造等高质量、标准化、成体系的"走出去"。实践表明,"一带一路"沿线快速的经济增长态势,为我国依托"一带一路"构建具有包容性、开放式的区域价值链,从而加快产业结构转型升级提供了可能。具体来说,"一带一路"的实施能够在扩大产品市场和化解国内产能过剩的基础上,将我国部分价值链非核心环节转移至沿线地区。一方面,可以促进产业从粗放型向集约型进行转变,加快推动传统产业优化升级,同时通过逆向技术溢出效应等实现自主创新能力的提升,加快对战略性新兴产业和高新技术产业等的培育和发展,为实现我国产业结构转型升级提供了基础;另一方面,中国在主导"一带一路"区域价值链的构建过程中,通过与沿线国家和地区开展广泛合作,显著增加了我国对外直接投资和与相关地区的经贸往来，不断推动我国产业以范围更广、层次更深和等级更高的形势参与"一带一路"区域价值链，并以区域价值链为支撑逐渐深度融入全球价值链，为实现我国产业向更高环节攀升奠定了基础。综上所述，交通基础设施是"一带一路"倡议实施的前提条件，而且共建"一带一路"能够有力推动交通基础设施的投资建设；"一带一路"倡议的实施也为产业结构转型升级带来了新的发展机遇。但值得注意的是，区域主导产业进行变更、产业出现迁移、经济格局发生变化都会对交通运输需求产生直接影响，进而对推动交通基础设施建设发挥一定作用，同时交通基础设施建设是否符合区域产业发展趋势，会直接作用于产业结构转型升级，由此只有将交通基础设施投资和产业结构转型升级结合考虑，同时借助"一带一路"倡议给两者带来的战略指引和提供的发展机遇，才能形成推动我国经济高质量发展的重要力量。

1.1.2　问题的提出

通过上述研究背景分析，研究"一带一路"倡议下交通基础设施投资与产业结构转型升级的相互作用关系具有十分重要的意义。因此，在展开本书具体研究之前，有必要对如下问题进行思考：我国交通基础设施投资水平和产业结构转型升级状况如何？理论层面"一带一路"倡议的实施分别对交通基础设施投资和产业结构转型升级具有促进作用，现实通过实证检验的结果是否与理论分析一致？交通基础设施投资与产业结构转型升级的相互作用关系如何，结果是否存在区域差异？为实现交通基础设施投资和产业结构转型升级的相互促进，相互间可能的作用机制是怎样的？作用机制在理论分析层面和实际实施层面是否存在差异？"一带一路"倡议的实施又是否有助于两者互动机制的实现？综上所述，本书希望带着对上述问题的思考展开一系列相关研究，以期最终得到对我国交通基础设施投资与产业结构转型升级之间相互关系的系统评价，对我国交通基础设施投资与产业结构转型升级两者间互动机制的详细分析以及对"一带一路"

倡议影响两者间互动机制的准确判断。

1.2 研究目的与意义

1.2.1 研究目的

基于我国经济已经迈向高质量发展阶段，对交通基础设施投资和产业结构转型升级均具有迫切需求，同时"一带一路"倡议的实施毫无疑问将为交通和产业发展带来巨大的发展机遇。在此背景下，本书试图通过理论分析和实证检验对"一带一路"倡议政策影响下的交通基础设施投资与产业结构转型升级之间的互动作用机制进行研究。具体研究目标包括以下方面。

（1）测算交通基础设施投资水平和衡量产业结构转型升级现状，检验"一带一路"倡议分别对交通基础设施投资和产业结构转型升级所产生的政策影响。

（2）从动态视角下考察交通基础设施投资与产业结构转型升级之间短期和长期互动关系，并对两者之间的相互作用趋势进行深入分析。

（3）基于对交通基础设施投资与产业结构转型升级之间互动关系的讨论，理论分析和实证检验两者之间的互动作用机制，并考察"一带一路"倡议的实施对两者之间的机制作用所产生的影响。

1.2.2 研究意义

在"一带一路"背景下对交通基础设施投资与产业结构转型升级的互动机制开展相关研究具有重要的理论和现实意义。

（1）理论意义。

第一，在考察我国交通基础设施投资与产业结构转型升级存在相互促进关系的基础上，从理论上建立起交通基础设施投资可以通过扩大市场需求、改善资源错配和进行技术创新三条作用路径间接促进产业结构转型升级，产业结构转型升级则可以通过交通运输结构调整的作用路径间接促进交通基础设施投资水平提升的理论分析框架，有助于补充和完善交通基础设施投资与产业结构转型升级两者间互动机制的研究。

第二，本书对我国交通基础设施投资与产业结构转型升级的互动机制研究是基于"一带一路"倡议的实施背景，具体考虑了"一带一路"倡议对我国交通基础设施投资与产业结构转型升级之间相互作用路径的影响，评价"一带一路"倡议在交通基础设施和产业发展领域的实施效果，不仅有助于"一带一路"倡议在相关领域的战略方针调整，而且有助于"一带一路"倡议理论的不断完善。

（2）现实意义。

第一，深入推进交通强国建设发挥交通基础设施"先行官"作用，以及优化产业结构调整构建现代化产业体系，都是推动我国经济高质量发展的内在需求。鉴于两者存在的相互作用关系，本书融合交通基础设施投资水平和产业结构转型升级趋势对两者间的相互关系及互动机制进行探究，从资源要素合理流动和优化配置的视角讨论交通基础设施投资促进产业结构转型升级的作用机制和路径，同时从交通运输需求变化的视角讨论产业结构转型升级对交通基础设施投资的作用机制和路径，对制定有效的交通基础设施投资政策、指导产业结构调整规划、加快推进经济高质量发展提供借鉴和参考依据。

第二，中国实施高水平开放对经济全球化至关重要，在推动世界经济复苏中，在维护多边主义、促进全球自由贸易进程中，在国际社会共同应对疫情的合作中都发挥着重要作用，而"一带一路"建设正是我国扩大对外开放的重要途径。"一带一路"倡议的实施为推动交通基础设施的投资建设和产业结构转型升级带来了新的发展机遇。本书以"一带一路"

倡议的实施作为研究背景，利用实证分析方法不仅分别考察了"一带一路"倡议对交通基础设施投资和产业结构转型升级产生的作用，而且考察了"一带一路"倡议对两者互动机制的影响，对检验"一带一路"倡议相关实施成果、推动"一带一路"背景下交通基础设施投资和产业结构调整的协调发展具有一定指导意义。

1.3 研究思路与方法

1.3.1 研究思路

本书基于"一带一路"倡议实施的政策背景，按照"互动关系考察—相互间作用机制的分析与检验—'一带一路'倡议对相互间作用机制的调节验证"这一研究思路对"一带一路"倡议下交通基础设施投资与产业结构转型升级的互动机制进行研究。具体来说：第一，根据本书亟待解决的研究问题，系统梳理关于交通基础设施投资与产业结构转型升级的国内外相关文献，为本书后续研究奠定坚实的理论基础。第二，从效率视角测度我国交通基础设施投资水平，从多维角度衡量我国产业结构转型升级状况，并在此基础上实证检验"一带一路"倡议的实施分别对交通基础设施投资和产业结构转型升级产生的政策影响，为本书后续研究奠定重要的政策背景。第三，从动态角度考察交通基础设施投资与产业结构转型升级之间的相互作用关系，以了解两者相互作用趋势。第四，通过理论分析得出我国交通基础设施投资与产业结构转型升级之间可能存在的相互作用机制，之后进行实证检验以重点考察作用机制在现实中的实施情况。第五，实证检验"一带一路"倡议对我国交通基础设施投资与产业结构转型升级之间互动机制产生的影响。第六，对全书的主要研究结论进行总结，提出相应的政策启示，并指出未来研究需要进一步努力的方向。

1.3.2　研究方法

基于本书研究思路，在开展具体研究过程中，根据科学性、适用性和可操作性原则选择所需研究方法，具体书中所采用的研究方法主要包括以下几种。

（1）文献研究法。

采用现代图书情报检索方法，尽可能地全面搜集和整理有关国内外交通基础设施投资、产业结构调整和"一带一路"倡议政策方面的资料和文献，通过对现有研究成果的系统分析，借鉴已有研究思路和方法的同时，挖掘有待进一步解决的研究问题，从而提出本书所要研究的主题。在此基础上，结合相关理论基础和采用具有针对性的研究方法，有助于构建本书的研究分析框架。

（2）规范分析法。

在对现有相关文献和资料进行系统梳理的基础上，深入分析了"一带一路"倡议的实施分别影响我国交通基础设施投资和产业结构转型升级的作用机理，交通基础设施投资与产业结构转型升级之间的相互作用机制以及"一带一路"倡议对两者互动机制的作用机理。

（3）实证分析法。

基于规范分析构成本书实证分析的理论基础，然后根据研究目的构建合适的计量分析模型对上述理论进行实证检验，因此将规范分析法和实证分析法结合使用不仅可以增强研究结论的稳健性，而且还为本书之后所提出的政策启示提供一定可靠依据。

（4）计量分析法。

第一，范围调整度量模型（range-adjusted measure model，RAM 模型）。数据包络分析（data envelopment analysis，DEA）方法是依靠数学工具对经济系统在其生产前沿面的有效性进行评价的非参数方法，其主要适用于对具有多投入与多产出的多目标决策单元进行绩效评价。DEA 模型基于是否为径向可分为两大类型，其中径向 DEA 模型在面对无效决策单元时是通过对所有投入（基于投入导向）进行同等比例减少或对所有产出（基于产出导向）进行同等比例增加来实现有效状态，因而无法对非期望产出的非径向且存在的松弛问题进行考察。因此，若投入和产出存在松弛性问题时，DEA 模型的应用往往会出现对决策单元低估的无效率水平，而 RAM 模型作为非径向 DEA 模型很好地克服了以上模型存在的自然缺陷，另外，RAM 模型所特有的加性结构，不仅能够分别实现基于期望产出和非期望产出的独立效率测度，而且还能够将两者独立效率进行整合相加以进一步实现联合效率的测度。鉴于此，本书将采用 RAM 模型对衡量我国交通基础设施投资水平的交通基础设施经济与环境联合效率进行测度。

第二，双重差分模型（difference in differences model，DID 模型）。双重差分法来源于计量经济学中的综列数据模型，主要适用于对公共政策或项目实施效果的定量评估。理论层面"一带一路"倡议的实施对我国进行交通基础设施投资和产业结构转型升级都具有重要作用，但本书希望从实证角度对其进行考察以奠定后续研究的政策背景。因此，本书将采用 DID 模型检验"一带一路"倡议的实施分别对交通基础设施投资和产业结构转型升级产生的政策影响。

第三，面板向量自回归模型（panel vector auto-regression model，PVAR 模型）。PVAR 模型现已成为一种检验变量之间是否存在相互动态作用关系的成熟分析工具。由于交通基础设施投资与产业结构转型升级之间可能存在复杂的互动关系，且两者间相互作用也很可能存在一定滞后效应，因此为了实现对交通基础设施投资与产业结构转型升级之间相互作用关系的动态分析，本书将采用 PVAR 模型展开研究。

第四，中介效应模型。中介效应模型可用于分析某一研究情境下自变量影响因变量的具体过程和作用机制，相较于单纯分析自变量是否存在对因变量影响的类似研究，该模型既在方法上有所改进，利用其进行分析产生的结果也更加广泛和深入，因此中介效应模型被广泛应用于心理学、社会学及经济管理学等领域。由于本书研究重点在于探究我国交通基础设施投资与产业结构转型升级之间可能存在的相互作用机制，因此本书在理论分析的基础上将采用中介效应模型对分析的互动机制进行检验，以考察作用机制在现实中实施的情况。

第五，有调节的中介效应模型。有调节的中介效应模型是应用于某一研究情境下中介变量在自变量影响因变量的过程中发挥一定作用，同时，在具体的中介过程中又会受到调节变量进行调节的情况。基于本书试图探究"一带一路"倡议对我国交通基础设施投资与产业结构转型升级之间互动机制是否产生一定影响，因此本书将采用有调节的中介效应模型检验"一带一路"倡议是否存在对两者互动机制的正向调节作用。

第六，联立方程模型。联立方程模型适用于基于经济理论推导出的一组具有相互联系的方程，而且需要满足其中一个方程的解释变量是另一个方程的被解释变量的情况。本书基于理论分析对"一带一路"倡议下交通基础设施投资与产业结构转型升级之间的互动机制进行假设，为了验证该假设本书首先会设定中介效应模型和有调节的中介效应模型，利用似不相关回归估计方法进行检验，但基于对研究结论进行可靠性分析具有一定必要性，同时由于研究所涉及的变量之间存在一定联立性，因此本书将利用联立方程回归估计方法对上述中介效应和有调节的中介效应进行稳健性分析。

1.1 本书研究内容与技术路径

1.4.1 研究内容

本书研究内容依章节分为以下几个方面：

第 1 章，绪论。该章节主要阐述了本书的研究背景与研究问题，指出了研究目的与意义，介绍了研究思路与方法，呈现了研究内容与技术路径，说明了本书可能的创新之处。

第 2 章，文献综述。该章节主要是对本书涉及的相关国内外文献进行系统梳理，借鉴已有研究思路和方法的同时，挖掘可进一步研究的空间，从而提出本书的研究主题作为后续开展研究的出发点。

第 3 章，"一带一路"倡议实施的政策影响评价。该部分首先利用 RAM 模型对衡量交通基础设施投资水平的交通基础设施经济与环境联合效率进行测度，从产业结构高度化水平和产业结构合理化水平两个维度对产业结构转型升级状况进行衡量。其次通过理论分析假设了"一带一路"倡议的实施分别对我国沿线地区交通基础设施投资水平的提高和产业结构转型升级具有积极促进作用，然后利用 DID 模型对以上假设进行了实证检验，结果论证了"一带一路"倡议的实施显著促进了我国沿线地区交通基础设施投资水平的提升，与此同时"一带一路"倡议的实施主要通过提高产业结构高度化水平对产业结构转型升级产生显著促进作用。进而表明在对交通基础设施投资和产业结构转型升级之间互动机制进行讨论时并不能忽视"一带一路"倡议实施的政策背景。

第 4 章，交通基础设施投资和产业结构转型升级的互动关系。该部分主要基于第 3 章测度得到的交通基础设施投资水平和产业结构转型升级状况，利用 PVAR 模型从动态角度对两者之间在短期和长期的互动关系进行讨论。基于产业结构转型升级是从产业结构高度化和产业结构合理化两个维度进行考虑，同时结合短期和长期的互动关系分析结果，得出全国样本下交通基础设施投资与产业结构转型升级具有显著的相互促进关系，而分地区来看该结果存在异质性情况。具体地，东部地区样本下交通基础设施投资对产业结构转型升级没有显著促进作用，相反，产业结构转型升级则能显著促进交通基础设施投资水平的提升；中、西部地区样本下均存在交通基础设施投资与产业结构转型升级具有显著的相互促进关系。

第5章，交通基础设施投资对产业结构转型升级的作用机制。该部分基于第4章研究所得结论，首先从资源要素合理流动和优化配置的视角基于理论分析假设了交通基础设施投资可以通过扩大市场需求、改善资源错配和进行技术创新三条作用路径来间接促进产业结构转型升级，然后利用中介效应模型对以上作用机制进行实证检验，所得结论与理论分析存在一定差异，现实中交通基础设施投资可以通过扩大市场需求和进行技术创新促进产业结构转型升级，但未能通过改善资源错配促进产业结构转型升级；其次通过理论分析假设了交通基础设施投资对市场需求水平、资源配置水平和技术创新水平三个中介变量产生影响的路径会受到"一带一路"倡议的正向调节，然后利用有调节的中介效应模型进行实证检验并对以上假设进行了论证。

第6章，产业结构转型升级对交通基础设施投资的作用机制。该部分同样基于第4章研究所得结论，首先从交通运输需求变化的视角基于理论分析假设了产业结构转型升级可以通过交通运输结构调整的作用路径来间接促进交通基础设施投资的提升，然后利用中介效应模型进行实证检验并对以上作用机制进行了论证；其次通过理论分析假设了产业结构转型升级对交通运输结构调整的中介变量产生影响的路径受到"一带一路"倡议的正向调节，然后利用有调节的中介效应模型进行实证检验并对以上假设进行了论证。

第7章，研究结论、启示和研究展望。该部分主要是对本书各重点章节的研究结论进行归纳总结，并据此提出相应的政策启示，同时也指出在未来研究中需要进一步努力的方向。

1.4.2 技术路径

根据研究思路和研究方法，本书所采用的技术路线如图1.1所示。

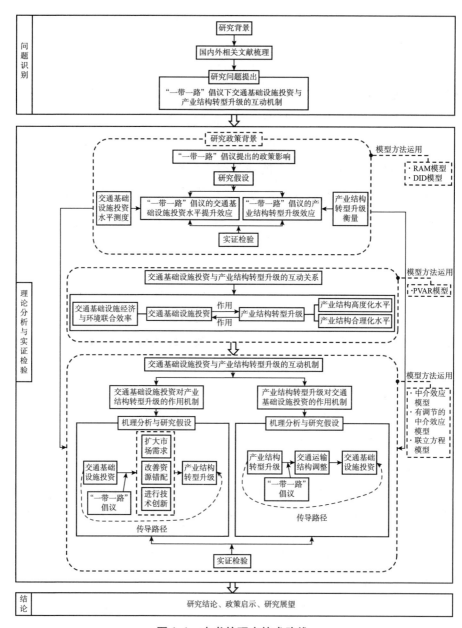

图 1.1　本书的研究技术路线

1.5 本书的创新点

与已有相关研究比较，本书可能的创新之处主要体现在以下几个方面。

第一，本书从效率视角出发，并基于可持续发展理念，通过交通基础设施投资同经济与环境综合发展之间的投入产出比，即运用交通基础设施的经济与环境联合效率对交通基础设施投资水平进行测度。具体在测度方法的选择上，由于 RAM 模型不仅可以消除传统数据包络分析模型存在的角度、径向和非松弛变量问题，而且具有加性结构可以分别实现基于期望产出和非期望产出的独立效率测度，以及将两者独立效率进行整合相加，由此本书采用 RAM 模型对衡量我国交通基础设施投资水平的交通基础设施经济与环境联合效率进行测度。基于可持续发展角度衡量的交通基础设施投资水平相比于传统的衡量标准会更加合理，能够对我国现阶段交通基础设施的真实投资水平进行更加全面而准确的评价。

第二，尽管对交通基础设施投资和产业结构转型升级之间的相互关系进行探究具有一定的理论和现实意义，但从现有文献来看，关于两者之间的单向影响研究较多，主要是交通基础设施投资对产业结构转型升级的影响，而两者之间的双向影响研究却较为缺乏。基于此，本书利用面板向量自回归模型从动态角度对交通基础设施投资和产业结构转型升级之间在短期和长期的互动关系进行了考察，研究结果发现两者之间存在一定相互促进关系，这从定量分析角度论证两者之间存在相互作用关系提供了一个可供参考的依据。

第三，本书从资源要素合理流动和优化配置的视角对交通基础设施投资可以通过扩大市场需求、改善资源错配和进行技术创新三条作用路径来间接促进产业结构转型升级进行理论分析，并且利用中介效应模型进行实证检验，但是研究结论却与理论分析存在一定差异，研究结果发现交通基础设施投资可以通过扩大市场需求和进行技术创新促进产业结构转型升级，但未能通过改善资源错配促进产业结构转型升级。同时，本书从交通运输需求变化的视角对产业结构转型升级可以通过交通运输结构调整的作用路径来间接促进交通基础设施投资进行理论分析，并且利用中介效应模型进行实证检验，所得研究结论与理论分析一致。此外，本书在分析交通基础设施投资与产业结构转型升级的互动机制时考虑了"一带一路"倡议可能存在的调节作用，这也是现有文献中几乎未曾讨论过的。鉴于此，本书为探究交通基础设施投资和产业结构转型升级之间的互动机制提供了一个可供参考的理论分析框架，同时为检验两者之间相互作用机理与现实情况是否存在差异提出了一个定量分析思路。

第 2 章

文 献 综 述

2.1　交通基础设施相关问题的研究

2.1.1　交通基础设施产生的影响

（1）交通基础设施对经济的影响。

现有文献关于交通基础设施对经济的影响研究主要集中在：一是交通基础设施投资同经济增长之间的逻辑关系。拉顿和罗斯托等（Rodan and Rostow et al.）最早提出该理论观点，其中拉顿的"大推进理论"提出了交通等基础设施建设是经济发展的前提条件，罗斯托在其"经济成长阶段理论"中提出了交通等基础设施对经济增长的推动作用至关重要，因而有必要在发展中国家发挥其优势，实现优先发展。随着计量经济的发展，研究者开始运用实证分析方法进行考察，并普遍得出了交通基础设施投资会对经济增长具有积极影响[3-5]，但也有部分研究者认为两者之间不存在显著相关性，甚至还存在负向关系。其中一些研究发现存在交通等基础设施对经济增长影响的倒"U"形曲线，而多数发展中国家由于经济发展有限对基础设施投资力度不够仍只能处于该曲线的上升部分[6]；还有一些研究发现我国交通等基础设施投资对经济增长的贡献开始呈现下降趋势，两者呈现出倒"L"形的曲线关系[7]。二是交通基础设施投资对经济增长产生影响的渠道和机制。大量研究表明，交通基础设施投资除了可以发挥其乘数效应直接促进经济发展外，还可以通过降低运输成本和库存成本[8]，加强市场融合[9]，促进进出口贸易[10]，改变居民消费结构[11]，影响企业库存和促进企业动态演化等手段间接实现经济增长目的[12,13]。三是交通基础设施投资存在对经济增长的异质性影响情况。交通基础设施投资对经济增长具有区域差异性影响[14]，不同类型的交通基础设施也会对经济增长产生不同影响[15]，而且交通基础设施对不同经济结构产生的影响也有区别[16]。

（2）交通基础设施对环境的影响。

关于交通基础设施对环境的影响研究主要是关注交通基础设施在建设及运营阶段的环境影响。在交通基础设施建设过程中，由于耕地占用可能会导致动植物栖息地和生态环境的破坏，如果出现交通基础设施不合理规划产生的影响则更为恶劣，此外施工产生的建筑垃圾和噪声可能会造成固体废弃物的污染和噪声污染[17,18]。在交通基础设施运营过程中，由于与交通运输业关系密切，李等（Lee et al.）通过研究证明能源消耗、噪声污染、废弃物和温室气体排放等因素是影响交通基础设施环境可持续发展的重要指标[19]。当前关于交通基础设施运营过程对环境产生的影响研究具有正反两方面的结论，其中交通基础设施是造成负面环境影响的原因，罗贝尔等（Wrobel et al.）认为主要是道路交通的车辆增速长期高于道路面积增速，极易出现车辆行驶缓慢甚至是交通堵塞的情况，由此导致的汽车燃料未能充分燃烧会使汽车尾气中的污染物浓度要比车辆在正常速度下行驶时高出 2~3 倍；罗等（Luo et al.）认为更多的道路建设将导致道路密度的增加将加剧能源消耗，从而使空气污染更加严重。此外，交通基础设施有益于环境污染问题解决的具体表现，谭等（Tan et al.）研究发现增加道路面积或道路宽度可以有效缓解交通拥堵并提高车辆燃油效率以减少车辆尾气排放；梁若冰等认为轨道交通能够通过对出租车等路面交通的替代有效缓解大规模城市的交通拥堵，而且节能减排效果显著；达尔基克等（Dalkic et al.）认为高铁由于客货运输过程中消耗较少的化石燃料同样有利于节能减排。

（3）交通基础设施对社会的影响。

关于交通基础设施对社会的影响研究主要体现在增加就业机会、提高居民生活质量和促进社会发展等方面。交通基础设施的不断完善为劳动力转移提供了必要的前提条件，邓明通过分析我国各地区交通基础设施与就业密度存在的内生关系及空间溢出效应，证明了两者之间存在显著的正相关关系；交通基础设施的建设和完善不仅直接带来相关行业就业机会的增加，而且孙钰等认为交通基础设施通过促进经济发展也间接创造了较多就业岗位。蒋海兵等通过研究发现交通基础设施网络的日趋完善和运输服务水平的不断提高，不仅为旅客及货物提供了多种运输方式的选择，而且有效提高了区域间的运输可达性和便利程度。完善的交通基础设施有利于改善贫困，究其影响途径高颖和李善同分析发现主要是交通基础设施有助于降低劳动力转移及运输成本、增加非农就业机会和提高农业劳动生产率从而产生减贫效应。交通基础设施建设对城镇化发展具有积极促进作用，关于影响机理樊怿霖认为交通基础设施投资能够有效改善流通条件以促进生产要素的自由流动，而向城镇转移的农村劳动力形成集聚之后便能够有力推动城镇化的快速形成。

2.1.2　交通基础设施投资的影响评价方法

根据现有关于交通基础设施投资的影响研究中使用到的评价方法，将使用较多的方法根据以下不同类别进行划分。

（1）投入产出分析法。

在进行交通基础设施增长效应的相关研究中，生产函数方法是当前被采用最多的一种研究方法，其中柯布—道格拉斯生产函数的使用最为广泛。采用生产函数方法主要是出于以下研究目的：一是将交通基础设施资本作为一种独立的资本形式从总资本中分离出来，而后利用生产函数对交通基础设施的产出弹性和最优规模等进行估计。阿肖尔（Aschauer）基于美国在 1945~1985 年的数据，采用生产函数模型对基础设施和经济增长间是否存在作用关系进行分析，研究表明政府在基础设施方面的资本性支出会对经济总产出产生较大贡献，具体研究中通过参数估计得到的公共资本产出弹性为 0.39，基于此他认为 1971~1985 年美国公共资本增速有所放缓是造成其国内劳动生产率显著下降的主要原因，但为了获得问题的有效解决可以采取提高私人投资基础设施的生产率和投资回报率来实现投资增长的目的，同时这项开创性研究也引发了国内外经济学界对各类基础设施增长效应的探究热潮；姆内尔（Munnel）基于美国 1945~1985 年的数据，同样利用生产函数模型在阿肖尔研究成果的基础上进行了持续性探索，研究发现基础设施会显著促进劳动生产率的提升，具体结果显示基础设施的产出弹性介于 0.34~0.41，由此他提出造成美国在 1969 年之后出现劳动生产率下降 78% 现象的主要因素是公共资本投资水平有所下降；刘南以浙江省杭甬高速公路为案例，通过构建生产函数模型分析了杭甬高速公路对杭州、宁波和绍兴三市的经济影响，结果表明高速公路对区域经济发展具有显著促进作用；张学良基于 1993~2004 年我国省级面板数据，通过构建生产函数模型，其中将交通基础设施资本作为一种独立的资本形式从总资本中分离出来以单独考察我国交通基础设施水平对经济增长所具有的影响，结果显示交通基础设施对经济增长所产生的弹性区间为 0.0563~0.2058，交通基础设施虽然对实现经济增长具有重要贡献但也存在一定区域差异。二是强化交通基础设施投资与经济增长或生产率提高的关联影响，基于生产函数探究交通基础设施所产生的空间溢出效应。波尔奈特（Boarnet）和康托等（Cantos et al.）除了关注到交通基础设施会对本地区经济增长产生影响作用外，同时也注意到了交通基础设施很有可能会推动本地区经济活动向其周边地区进行转移从而产生一定经济溢出效应；刘勇[38]为了检验交通基础设施投资对我国区域经济发展存在空间溢出效应，基于生产函数构建了空间计量经济模型，研究表明全国范围内对公路水运进行固定资本投资会产生正向溢出效应，并且随着时间的推移该正向溢出效应会有所增大，而区域范围内对公路水运进行固定资本投资所产生的空间溢出效应则存在区域异质性；张学良利用空间计量经济学的相关方法，构建了一个既包含有本地交通基础设施又包含有其他相关区域的交通基础设施在内的生产函数模型，目的是考察交通基础设施对区域经济增长产生的空间溢出效应，研究发现我国交通基础设施存在影响区域经济增长的空间溢出效应，因而若不忽略空间因素的影响很可能形成对区域交通基础设施经济增长作用的高估。

生产函数方法虽然在研究思路与方法上对探究交通基础设施是否存在生产率提升及经济增长促进作用方面具有较大贡献，但仍存在一定不足之处，具体体现在生产要素价格和企业行为等因素并未在模型中进行考虑，而是仅依靠技术层面去反映出交通基础设施促进经济增长的投入产出关系[40]。要想对生产函数方法的这一缺陷有所避免，可以改用成本函数或利润函数方法分析交通基础设施对经济增长所产生的影响，而这两种方法的原理是将企业的成本（或利润）最小化（或最大化）视为最优行为。利用成本函数方法研究得到的结果表明交通基础设施对降低成本具有显著作用，即交通基础设施能够积极促进经济的快速增长。埃兹祖拉等（Ezcurra et al.）基于西班牙 1964～1990 年各个地区三次产业的生产成本数据，利用成本函数进行研究后发现公共基础设施在降低企业运营成本和提升企业生产率方面存在显著正向影响，从基础设施对各类产业部门存在的影响差异来看，对工业部门所产生的成本节约效应要比对农业、服务业部门产生的效应显著；科恩等（Cohen et al.）通过考察在美国进行州际公路基础设施建设所取得的成本节约效应，结果发现公共基础设施具有的成本节约效应不仅能够实现产出增长的目的而且还能刺激投资扩张和劳动力就业；张光南等基于 1998～2005 年的工业企业数据，利用要素份额函数和成本函数对基础设施如何影响我国企业生产投入要素需求弹性和平均生产成本进行了实证分析，研究表明基础设施在降低制造企业平均生产成本方面具有显著促进作用；张光南等基于 1998～2006 年的工业企业数据，在构建跨期利润函数的基础上对基础设施投资具有的投资、产出及就业效应进行了动态分析，其中就业效应为关注重点。

（2）指标体系构建分析法。

关于交通基础设施的影响评价中指标体系的构建分析方法，这里主要对数据包络分析方法（DEA）进行概括性介绍，DEA 方法是依靠数学工具对经济系统在其生产前沿面的有效性进行评价的非参数方法，其主要适用于对具有多投入与多产出的多目标决策单元进行绩效评价。虽然 DEA 是基于投入和产出视角，但其区别于上述生产函数和成本函数的个别投入和产出要素，DEA 的投入和产出端需要构建一定指标体系去考虑研究的复杂情况，因此利用 DEA 对交通基础设施的影响进行评价具有系统综合性，由此将 DEA 从投入产出分析法中分离出来单独进行讨论。在 DEA 模型中，查恩斯等（Charnes et al.）和贝克（Banker）分别提出的 CCR 模型和 BCC 模型在应用上最为广泛。李忠富和李玉龙通过构建基于投入与产出的评价指标体系，同时利用二阶段 DEA 方法有效评价了我国基础设施投资绩效，研究发现从基础设施的投资配置效率来看，包括京津沪以及民族地区在内的投资配置效率较中部省份的要高；李忠民等基于 2000～2012 年长江经济带沿线省市数据，将产生的交通基础设施投入和实现的生产要素运输量分别设置为 DEA 模型的投入端与产出端，实证结果表明总体来看交通基础设施投资效率具有下降态势，若要提高其效率可以借助外部环境的改善；孙钰等从全国挑选出 35 个大中城市，利用 DEA 交叉效率模型对 2012 年这些城市的公共基础设施产生的经济效益实施评价，但综合评价结果并不乐观，具体分地区结果呈现出经济效益由东南沿海向西北内陆地区逐步递减的特征，而后进行投入规模的聚类分析发现城市公共基础设施经济效益并未与投入规模呈正比关系；孙钰研究对象同样是从全国挑选出 35 个大中城市，利用对抗型 DEA 交叉效率模型对这些城市 2008～2012 年的公共基础设施所产生的社会效益实施评价，研究表明公共基础设施产生的社会效益与经济发展并未实现协调发展；李祺等同样选择 DEA 交叉效率模型展开对京津冀地区关于 2003～2012 年城市基础设施投资效率的评价和分析，研究发现对京津冀地区的评价结果总体良好，其中天津评价最优而河北省评价最低，并且指出在京津地区公共交通方面处于交通基础设施建设的"短板"。

（3）系统综合分析方法。

系统动力学是以系统思考作为理论基础，且发展逐步融入了计算机仿真模型，该领域的正式研究是始于弗雷斯特（Forrester）20 世纪 50 年代编著的《工业动力学》的，之后系统动力学取得了不断发展，在理论应用方面也由最初集中应用于工业企业管理，随后应用范围日益广泛逐步涉及经济社会等各类系统。具体来说，系统动力学是以系统论、信息论和控制论等作为基础，同时运用计算机模拟技术对复杂社会大系统进行研究的定量分析工具，该方法能够解决以往计量经济模型中难以实现的非线性、多回路、高阶层和动态等问题。人工神经网络是由大量处理单元（神经元）交互连接而成的一种复杂网络结构形式，究其原理主要是简化、抽象和模拟人类大脑神经结构及其运行活动，具体模拟是模仿大脑神经网络进行信息的记忆和处理。从麦克洛克和彼特斯（McCulloch and Pitts）首次建立了神经网络模型，之后该模型实现了广泛应用与发展。由于交通领域涉及的问题具有高度非线性，且相关数据特点通常又是大量的、复杂的和动态的，因此运用系统动力学方法和人工神经网络方法在交通领域的相关研究进行应用具有一定优越性。梅鸣和胡天军为了对高速公路的社会经济效益进行客观评价，该研究以沈阳过境绕城高速公路为例，通过建立系统动力学模型对社会经济——交通系统所包含的内部结构和具有的动态行为进行详细分析，与此同时也实现了社会经济——交通系统的动态仿真，预计在未来交通基础设施对地区经济增长具有促进趋势；王宇宁等为了进行高速公路产生社会经济效益的作用机制分析，通过建立以津蓟高速公路为研究对象的区域经济与公路交通发展的系统动力学模型，不仅实现了对高速公路项目社会经济效应的定量分析和评价的目标，而且也证实了系统动力学模型具有仿真效果好和性能稳定的优势。周围等、骆有隆等采用人工神经网络方法面对高速公路建设项目展开社会效益评价，通过对该方法进行具体应用后认为人工神经网络方法除了能够有效降低在评价中可能出现的人为等不确定性因素，还能够依靠该方法作为一种综合评价方法所具备的规范性获得较高的问题求解效率。

（4）其他评价方法。

关于交通基础设施投资的影响研究中还使用到了其他一些评价方法。基于引力模型进行分析，刘生龙和胡鞍钢通过采用省级截面数据建立了引力模型，具体考察了交通基础设施存在怎样的边界效应影响，结果认为完善交通基础设施能够有力推动区域经济一体化的实现；刘育红和王曦以17个新丝绸之路经济带沿线城市为研究对象，基于交通基础设施数据进行引力模型的构建，目的是考察经济带沿线城际交通基础设施经过大规模建设后对区域经济一体化所具有的影响，结果表明经济带沿线进行城际贸易所产生的边界效应已追赶至与发达国间贸易产生的边界效应大致相当的水平，对交通基础设施进行建设和完善不仅对区域贸易形成积极促进，而且有力推进了区域经济一体化；杜军和鄢波通过采用引力模型分析了港口基础设施的投资建设对我国与东盟形成的贸易影响，结果表明该影响主要呈现出对双边水产品的总体贸易存在显著促进作用。基于随机前沿模型进行的分析，龚静和尹忠明基于省级面板数据利用异质性随机前沿模型，实证分析了针对各地区贸易所具有的非效率部分，铁路建设对其产生的影响，通过进一步测算得到铁路出口贸易效率后，研究发现实现出口贸易效率提升的有效举措可以是节约铁路运输时间和减少运输距离，与此同时铁路里程的缩短也对降低出口贸易效率波动具有积极影响。基于双重差分方法进行的研究，刘冲和周黎安基于县级面板数据构建了双重差分模型，考察了高速公路的建设对县域经济发展产生的因果效应，研究发现交通基础设施的建设和完善显著促进了县级人均 GDP 的提升；徐海东基于 285 个地级城市数据，使用 PSM - DID 方法对城市开通高铁产生的产业结构转型升级效应进行考察，同时还就高铁开通是否有利于形成劳动力就业与产业之间的耦合协调关系进行检验，结果表明高铁开通具有推动产业结构转型升级的积极效应，但其对三次产业的劳动力就业与产业之间的耦合协调度的影响存在差异，此外，研究还发现在城市开通高铁对产业结构转型升级还具有显著的成长周期型异质性影响，而且与外围边缘城市相比，在中心城市开通高铁能够产生强度更大的产业结构转型升级促进效应，对产业就业与产业之间的耦合协调度的影响也更为显著；卞元超等基于所选的我国287 个地级市数据构建了双重差分模型，目的是考察高铁开通之后分别对区域创新活动以及区域间创新差异产生的影响，研究表明开通高铁存在对区域创新活动的积极影响，究其作用机制主要是高铁开通对创新要素流动效应有所激发；范小敏和徐盈之基于我国 285 个地级市数据，利用双重差分模型考察了开通高铁会对工业污染排放强度存在何种影响，研究表明由于高铁开通会产生一定集聚效应和收入效应，因而其会对工业污染排放强度的下降产生有利影响，同时也需指出的是，高铁开通之后在不同地区产生的污染排放效应也会有所不同，具体表现为中西部地区及泛珠三角地区所具有的污染减排效应更加显著。

2.2　产业结构转型升级相关问题的研究

2.2.1　产业结构转型升级产生的影响

（1）产业结构转型升级对经济的影响。

理论上产业结构演进的显著特征是主导产业部门出现依次变更，具体主导产业部门先后历经农业、工业和服务业，该过程的更替其实也是生产要素由低生产率部门流向高生产率部门的选择过程，其中具有较高生产率的产业在获得优先发展机会后会进一步拉动经济发展[66]。在具体研究中，多数学者得出了产业结构转型升级能够促进经济发展的结论，纪玉山和吴勇民研究发现我国经济增长同产业结构存在协整关系，此外利用向量误差修正模型进一步对配第—克拉克定理的基本内容进行了验证，但对库兹涅茨的收入决定论有所否定，最后提出我国产业结构演进对经济增长而言是因非果；布尼雅等（Buera et al.）通过对美国服务业增长进行探究之后指出具备高技术水平的劳动力能够对经济增长产生积极助力，同时研究也发现实现经济增长目的主要依靠以技术密集为特征的服务业进行推动，而绝非以低技能工作为依靠；乔根森等（Jorgenson et al.）通过统计研究发现推动欧美等国开展经济活动的三次产业中，服务业占据绝对主导，同时服务业也是提高总生产率的重要力量；周明生和梅如笛通过研究表明对产业结构进行优化升级会产生经济增长促进效应，此外经济整体取得长期发展对促进三次产业蓬勃发展具有积极作用；严成樑研究发现1978～2013年发生的产业结构变迁对促进经济增长产生了25.37%的贡献率，尤其是1978～1995年该贡献率更是高达38.19%；庞瑞芝和邓仲奇、李平等通过研究表明我国服务业生产率呈逐年上升趋势，由此其逐步发展成为经济增长的核心动力，鉴于发展生产性服务业会产生集聚效应同时还会促进技术进步，因而对全要素生产率的提高具有积极促进作用。随着相关研究的不断深入，根据大量研究结果发现，实际产业结构转型升级与经济发展之间的关系会呈现出阶段性变化。刘伟和张辉研究认为产业结构演变对经济增长虽然具有明显贡献，但贡献水平会随着市场化改革的加快推进呈现边际递减效应；艾肯格林等（Eichengreen et al.）通过对世界各国经济发展历程进行研究，发现产业结构调整会形成对经济增长先促进后抑制的影响趋势；干春晖等研究发现产业结构高级化和合理化存在对经济增长的阶段性影响，其中前者同经济增长具有较大不确定关系，而后者同经济增长则具有较为稳定的关系；罗迪克（Rodrik）研究发现在发展中国家如果过早地提高服务产业比重和进行去工业化会对经济的长期发展产生严重制约；吕健、于斌斌研究发现在取得一定发展成果之后的产业结构高级化发展会出现结构性减速；张平等研究指出在我国东部地区进行产业结构服务化发展的经济效率提升作用已经出现疲乏现象，特别是北京和上海等一线经济发达城市，因而对产业结构服务化进程进行放缓是存在必要性的；韩永辉等研究发现我国产业结构调整正值结构性减速阶段，使经济增速出现显著下降态势。针对我国产业结构调整经历结构性减速导致经济增速下降的原因，张杰研究提出我国经济发展存在严重的"脱实入虚"现象，具体表现为长期依赖政府财政补贴进行产业结构调整，这种扭曲和滞后的经济发展方式也严重阻碍了产业结构转型升级；渠慎宁和吕铁指出工业未能实现与服务业的协调发展，这对经济增长具有制约影响；杨丽君研究认为产业结构发展不合理会影响工业市场化进程从而对经济的快速发展产生制约。

（2）产业结构转型升级对环境的影响。

当前我国同时面临经济增长放缓和环境污染严重的两大难题，作为发展中国家想要大力发展经济首先势必会以牺牲环境为代价，在经济发展取得一定成果之后要解决环境污染势必又要制约一定经济增长，在面对如此矛盾的情况下，进行产业结构调整既能为经济增长获取到新的发展动力，又能为环境治理提供根本解决出路。基于相关研究表明，不同产业的环境污染影响存在显著差异，安格等（Ang et al.）通过对我国产业结构变化所产生的碳排放影响进行研究后发现工业部门的总产值和能源强度分别对碳排放产生了一正一负显著影响；徐大丰基于投入产出分析，提出我国碳排放强度在各产业之间存在显著差异；韩楠和于维洋研究表明第二产业在产业结构中的比重增大是造成环境污染的格兰杰原因；邵帅等研究指出当前我国粗放式的工业化发展模式及不合理的产业结构调整策略都是导致雾霾污染的重要因素。在进行产业结构转型升级之后，由于产业结构发生变动会对能源效率和能源消费等产生影响，所以相关研究普遍得出产业结构转型升级有利于环境污染的治理，但也有个别少数研究存在不同意见。关于产业结构合理化发展有助于环境污染治理方面，张雷和黄园淅通过对我国能源消费是否存在对产业结构变动的影响进行探究，结果发现产业结构会与能源消耗形成联动；邱新国和谭靖磊研究发现产业结构调整有助于提高能源效率以实现节能减排；孟昌研究提出实现产业结构的合理调整能够有效应对现有的资源环境约束；李鹏通过研究认为产业结构调整有助于减轻污染物的排放;韩永辉等研究发现产业结构调整对生态效率的提高具有促进作用;张宏艳等以北京为例考察了三次产业结构同碳排放的关系,在对总体产业结构变动产生的碳排放贡献率进行估算后发现第三产业虽然占比最大但与碳排放量却存在反向关系。关于产业结构高度化发展有助于环境污染治理方面,张亚斌等通过研究指出在由重化工业化所导致的环境污染中,更高的信息化与工业化融合水平能够对该污染的解决产生有效助益,因而有利于区域工业环境治理绩效的提高;杜雯翠研究发现信息化能有效降低工业烟尘和工业二氧化硫的排放强度。结合产业结构合理化和产业结构高度化发展对环境污染治理产生的促进作用,孙振清通过研究发现产业结构高度化对碳减排的促进作用更加显著,而产业结构合理化所产生的促进作用则相对较弱。

(3)产业结构转型升级对社会的影响。

现有关于产业结构转型升级产生的社会影响研究主要集中在产业结构转型升级对劳动力就业和收入分配等方面的影响。关于产业结构转型升级对劳动力就业产生的影响研究大致分为促进和抑制两方面的观点。其中持促进论观点的主要原因是产业结构高度化是经济发展产生的必然趋势,在外部结构干预下有助于上述进程的加快,进行产业结构调整会产生主导、关联和引致等一些具有正外部性的效应,这些效应会加速劳动力进行转移,进而对就业形成促进。莱宾斯坦(Leibenstein)研究发现产业发展走向主要是以发展资本密集型产业为趋势,基于劳动份额在国民总收入中的占比较低能够确保具有较高储蓄率,因而能够有效扩大投资、助力经济增长和增加就业,相反,当产业发展以劳动密集型产业为发展趋势时,劳动份额在国民总收入中的占比具有较高水平会在一定程度上导致投资萎缩、延缓经济增长和减少就业;武力和温锐通过研究发现目前我国工业化发展已步入资本相对过剩时期,相较于劳动密集型产业而言,当前时期资本和技术密集型产业进行创新的内在动力更强,因而这些产业未来会成为拉动劳动力就业的主场地;赵建军、高德步和吕致文、朱劲松和刘传江、景天魁等通过研究认为当我国经济发展长期以发展劳动密集型产业为主时所产生的不利影响之一是在同资本和技术密集型产业发展为主的国家展开贸易合作时，极有可能在合作关系中长期处于低端锁定的尴尬境地，从这一角度深入指出了发展劳动密集型产业优势在于短期内能够有效缓解就业压力，但为了长远考虑解决就业最终还是需要依赖于技术密集型或资本密集型产业的发展带动。其中，持抑制论观点的主要原因是忽略产业演进的自然规律及要素禀赋的比较优势而提出的产业结构超前发展战略，这将会抑制劳动要素的有效转移，进而产生对就业的抑制作用。班尼吉（Banerji）在其著作《印度工业品出口》中比较了印度与中国台湾地区在产业发展进程中的不同，研究发现实施劳动密集型产业优先发展战略对其劳动力就业产生了截然不同的影响，其中在中国台湾有效促进了劳动力就业，而在印度则抑制了劳动力进行转移；摩尔（Moore）研究发现发展中国家如果优先发展资本密集型产业，将会导致城市就业增速低于潜在经济增速，有可能对劳动力的有效转移形成阻碍；吴敬琏研究表明从 20 世纪 80 年代中期到现在，我国产业发展所走过的道路充斥着资本与劳动力的对立，以至于大量劳动力被闲置未被真正加以利用；何璇等通过研究浙江省产业结构调整升级存在怎么样的劳动就业影响之后，结果呈现负向关系，其主要原因在于浙江省的产业转型升级进程缓慢；胡军和向吉英、严英龙和陈在余、郭冬杰和邵琼燕等通过研究表明工业化发展过程中如果主要以发展资本密集型产业为主，那么将会对农村剩余劳动力转移形成限制，这不仅降低了劳动者收入，而且进一步会使国内有效需求不足，从需求端对工业化发展产生阻碍，如此发展下去将形成恶性循环；相反，如果主要以发展劳动密集型产业为主，那么将会产生截然不同的结果，最终将以良性循环发展下去。

关于产业结构转型升级对收入分配产生的影响方面，从发达国家进行产业转型升级涉及的收入分配情况来看，产业发展由制造业为主导变为服务业为主导时，会随之出现制造业退化和服务业极化两种具有冲突性的情况，其中制造业退化可被理解为制造业工资遭受到相对甚至绝对的下降，与此同时，获得稳定就业和福利的期望也就难实现，而服务业极化则被理解为服务业工资形成高低两极的分化趋势；哈瑞松和布斯通（Harrison and Bluestone）通过研究发现20世纪80年代美国多数制造业岗位的城镇实际收入竟然要比60年代的还要低；斯诺必（Sonobe）研究表明日本东京在处于新经济转型期时，城市居民收入的分布情况是高收入群体、中间收入群体和低收入群体呈现出"凹"字形特征，具体高收入和低收入群体表现出共同增长趋势，而中间收入群体则呈现出持续下降态势。目前对我国产业结构转型升级与收入分配的相关研究虽然不是很多，但现有研究者也得出了一定结论供后继者深入进行探索。冯素杰研究认为当前我国产业结构转型升级存在与过大收入分配差距的累积循环关系；靳卫东研究中通过将产业结构转化和人力资本进行动态匹配分析之后发现不管是人力资本存在的禀赋差异还是对其限制流动都会在进行产业结构转型时出现收入分配差距的扩大；林毅夫和陈斌开研究提出不论是推动城市化发展还是促进产业结构升级都不会导致收入分配差距扩大，而真正拉大收入分配差距的其实是不当的政府发展战略；丁原等研究提出劳动力在第二产业的就业增加会缩小收入分配差距，而如果在第三产业的就业增加情况则正好相反；靳（Jin）通过对香港特别行政区行业收入差距与产业结构间的关系进行研究，提出了产业结构能够决定就业结构，从而对行业收入差距的变化产生影响；胡立君和郑艳研究发现产业结构调整会拉大我国行业收入差距，同时保持一定水平的行业收入差距又会对我国产业结构调整升级形成促进。

2.2.2　产业结构转型升级的主要驱动因素

（1）政策驱动因素。

现有研究关于影响产业结构转型升级的政策因素主要集中于产业政策、信贷政策、贸易政策、财税政策和环境规制等，具体不同产业政策对产业结构转型升级产生的影响存在异质性结论。关于产业政策方面，张小筠等通过对我国改革开放40多年来的产业结构政策进行回顾发现我国产业结构的优化升级离不开各发展阶段实施的有针对性的产业结构政策；科瓦契奇等（Kovacic et al.）研究指出产业结构政策中纵向和横向政策的划分依据主要是政府进行市场干预所呈现出的方式与程度不同，其中纵向政策主要树立的是政府对市场干预的主体地位，依靠政府决定三次产业的优先发展顺序，并通过政府实现对某一特定产业或某一类特定产品的扶植，而横向政策主要树立市场和价格机制对市场干预的主体地位，由此生产要素能够实现在企业及部门间的自由流动与组合，政府仅需要其对要素流动中面临的体制机制障碍进行破除，随着我国经济高质量发展的进一步推进，产业发展形势愈发复杂化，过去以政府为主导的纵向产业政策由于日益暴露出与现实应用情况的不匹配，使其能够发挥政策作用的领域逐渐缩小，相反，以市场为主导的横向产业政策由于主张竞争与创新，需要其发挥作用的领域却在逐渐增大，其重要性不言而喻。关于信贷政策方面，李海央等研究认为消费信贷政策主要是通过缓解消费者资金流动性约束和刺激信贷消费对居民的消费行为产生引导从而对包括产业升级在内的经济增长质量产生促进作用；李毓等研究发现绿色信贷政策所蕴含的"倒逼"机制会促进产业结构转型升级，绿色信贷政策会从市场、资源、收入分配以及激励机制等角度推动产业结构转型升级。关于贸易政策方面，傅耀认为合理的贸易政策有助于顺应国际产业转移趋势，将国内资源合理配置在新兴主导产业以主动参与国际分工，促进产业结构转型升级。关于财税政策方面，现有研究的主要观点包括：一是"促进论"，圭哈比（Wahab）研究提出对财政支出和补贴进行选择性倾斜、实施税收的差别化税率等举措对深入推进产业结构优化升级具有显著促进作用，安苑和宋凌云研究表明产业结构在财政结构性调整的影响下不仅得到了有效调整而且取得了高度化发展，究其作用机制主要是依靠产业间实现财税资源的有差别配置，而且在配置上会对外部融资产业部门更加具有偏向性；二是"抑制论"，李新通过研究发现当前财政对产业结构合理化发展的作用不仅十分有限，而且在无形之中会使产业结构形成负面发展趋势，这不仅会导致区域产业结构发展趋同而且还会造成三次产业的结构性失衡，王雪珍研究发现财政政策之所以未对产业结构调整形成有力促进，原因在于其在引导企业进行专业化分工以及激励技术创新方面都存在严重不足；三是"不确定性论"，刘建武研究表明资源在朝阳产业实现有效流动离不开政府实施具有前瞻性的政策，而这与政府战略判断直接相关，所以一旦政府判断失误，除了会造成大量资源浪费，还将造成产业错失发展机遇。关于环境规制方面，现有研究的主要观点集中在三个方面：一是正面影响结论，布通等（Burton et al.）通过研究环境规制对纸浆和造纸业的影响发现，环境规制对该类企业的成长和该行业结构的优化升级具有积极促进作用，徐开军等研究发现环境规制强度越大越有利于产业结构优化升级；二是负面影响结论，游达明等研究表明环境规制在晋升激励和财政分权的调节作用下对产业结构升级具有抑制作用，吴敏洁等基于制造业相关数据分析得到环境规制存在对产业结构升级的抑制作用；三是不确定影响结论，童健等研究认为环境规制会对工业部门转型升级形成"J"形影响，孙玉阳等研究发现在推进产业结构升级过程中，环境规制对其产生的影响会呈现出规制工具异质性特点，环境规制当具有市场激励和行政命令特征时会对产业结构升级形成倒"U"形影响，而当具有公众参与特征时则对产业结构升级不起作用，孙玉阳等之后又通过研究影响环境规制同产业结构升级关系的不同因素后发现，人力资本和技术创新能够间接促进环境规制积极影响产业结构升级。此外，"一带一路"倡议提出后，也有部分学者关注到其对产业结构转型升级的影响，王桂军和卢潇潇通过对我国 A 股上市公司数据的研究表明"一带一路"倡议能够积极促进企业进行升级，且可以借助科研创新形成中间影响，其促进作用随着企业成长周期逐渐减弱；王巧和佘硕通过研究发现"一带一路"倡议对沿线城市的产业结构合理化发展具有显著促进作用，但并未对产业结构高度化发展形成促进；闫东升和马训认为我国可以借助"一带一路"倡议的实施，构建具有主导性、包容性和公平性的区域价值链体系，并就此为依托有效促进沿线地区的经济社会发展和实现我国产业向全球产业价值链中的高端攀升。

（2）产业驱动因素。

现有研究关于影响产业结构转型升级的产业主要集中于制造业、服务业、金融业、信息技术产业和各类基础设施等方面，根据研究结论不同类型的产业对产业结构转型升级的作用有所不同。关于制造业和服务业方面，况佩杰研究认为我国各地区制造业集聚水平虽然存在较大差距，但对产业结构升级均具有正向影响；王帅通过研究发现资源型地区制造业集聚对产业结构高级化发展具有促进作用，而对产业结构合理化发展具有抑制作用；孙畅和曾庆均研究提出生产性服务业形成集聚有利于省际产业结构进行升级；宋铮研究发现生产性服务业产生集聚虽然会抑制产业结构高级化发展，但却对产业结构合理化形成溢出，而制造业产生集聚则会导致产业结构高级化和合理化形成拥塞；周小亮和宋立通过研究发现从全国来看制造业和生产性服务业产生协同集聚的情况下会有效促进产业结构合理化发展，而对产业结构高级化发展却存在倒 "U" 形影响。关于金融业方面，布尼雅等（Buera et al.）研究表明金融中介在地区形成集聚有利于对产业需求进行资金的有效匹配，从而实现资金向高端产业的流动，实现产业结构升级；孙晶和李涵硕基于银行业、保险业和证券业来考察金融集聚对地区的产业结构升级产生的影响，研究表明在东部地区往往具备形成金融集聚的条件，会有效促进产业结构进行转型升级，具体在金融机构中银行产生的作用范围最广，而保险及证券业产生的作用则十分有限；于斌斌研究发现全国金融集聚能够形成对产业结构升级的积极促进，但由于受到其发展阶段的制约会导致区域异质性的存在。关于信息技术产业方面，崔玟秀等（Moon‑Soo et al.）通过研究表明在促进知识在各产业间形成有效流动和加强产业间技术关联方面，信息产业发挥着举足轻重的作用；瑞父金（Rifkin）研究发现融合信息技术与新能源技术能够加速经济社会飞跃式发展，这会促成新一轮工业革命的诞生，从而将信息技术视为有力推动新工业革命的核心因素之一；靖继鹏等和杜传忠等研究认为基于信息化所具备的产业高附加值和高效的资源配置效率等特征，因此信息化能够对传统产业在改造升级方面形成有力促进，进一步对产业结构改善产生积极影响；左鹏飞研究认为通过推进信息化发展有利于产业实现改造和融合，进而有助于产业结构进行转型升级，其中产业改造的内在作用机理在于信息化依靠全新生态体系、新技术和新模式等手段积极推动了传统产业进行优化升级，而产业融合的内在作用机理在于信息化借助其新业态特点推动产业发展，基于信息化合作平台大幅度缩短了产业融合时间，利用信息化带动的引擎优势有利促进了产业融合发展效率提高；一些学者（Czernich et al.，Forman et al. and Ivus et al.）研究认为互联网所具有的连接与共享、开放与协作等特点都在一定程度上促成了数据作为全新的一种生产要素的诞生，同时数据依靠其对资源要素的优化配置作用积极促进了产业技术创新，从而实现产业结构升级等目的；宫崎等（Miyazaki et al.）和坎通那等（Cardona et al.）通过研究发现互联网依托其自身发展特点对产业技术实现大规模扩散，多维度创新和多角度应用产生了积极正向影响；左鹏飞等从城镇化视角研究了推动互联网加速发展同产业结构转型升级的影响，提出了具体在短期和长期产生的影响有所不同，在短期来看互联网发展对产业结构从高度化和合理化维度发展都会具有积极促进作用，而长期来看互联网发展对产业结构向合理化发展产生积极正向影响的同时却对产业结构向高度化发展产生倒"U"形影响，而且还提出了当互联网融入城镇化发展时，两者产生的融合效应可以对产业结构转型升级产生更强影响；郭凯明通过研究认为从当前来看人工智能是否能够对产业结构转型升级发挥积极作用还不能获得肯定答案。关于基础设施方面，郭凯明和王藤桥从需求侧和供给侧角度研究基础设施投资对产业结构转型升级产生的影响，认为基础设施投资可以依靠投资、价格和收入的影响手段推动产业结构实现转型；来逢波等研究发现交通基础设施对三次产业发展产生的影响虽然显著但却具有时间滞后性，对各类交通运输方式的基础设施进行投资所产生的产业发展促进效应会存在差异，对新型基础设施进行投资会在需求侧对服务业相对制造业的需求形成拉动，在供给侧对产业内劳动和资本的替代与产业之间制造品和服务形成替代，因此将从供需两侧同时形成对产业结构转型升级的促进。

（3）生产要素驱动因素。

已有研究指出国家或地区的产业结构是由该区域的要素禀赋决定的，

具体不同学者会关注不同要素禀赋所产生的作用。关于劳动力要素对产业结构所产生的作用，邓智团和但涛波研究表明产业结构变动不存在与劳动力就业结构变动间的均衡关系，剩余劳动力转移的主导力量由第二产业转变为第三产业；周兵和徐爱东研究认为尽管在理论层面产业结构变化是取决于劳动力跨产业流动，但是由于我国剩余劳动力问题突出，因而产业结构升级与劳动力就业结构变化之间的联系较不紧密；干春晖等通过比较在不同时期我国要素结构和产业结构演进各自产生对生产效率的影响后，结果表明产业间要素结构要先于产业结构进行变动，具体产业间显著存在劳动力流动产生的"结构红利"效应，要素结构有所变动会对产业结构升级形成积极促进，从而进一步有利促进了生产效率提高；曹芳芳等通过考察地级市"市辖区"层面劳动力流动对产业升级的影响，研究表明劳动力从农村向城市进行迁移有助于经济结构的非农业转变，迁移的城市劳动力在第二、第三产业中具有较高的劳动生产率，可以积极推动第二、第三产业的资源配置效率，能够有助于提升产业发展质量、促进产业结构升级；张健武研究发现产业结构优化升级离不开人力资本结构的影响，劳动力素质的高低程度会对产业结构优化升级产生一定影响；冉茂盛和毛战宾通过研究认为人力资本对产业结构升级不仅具有要素支撑作用，而且更重要的是具有要素集聚和效率提升功能；张桂文和孙亚南研究发现在我国仅就人力资本同产业结构演进存在的耦合关系来看，两者耦合关联性较强但耦合程度较低，由此提出了一系列关于提升人力资本对产业结构转型升级促进作用的相关举措，如实施农业劳动力向城乡的永久性迁移、下力气推进高新技术人才培养、实现产学研一体化发展等。关于资本要素对产业结构所产生的作用，于泽和徐沛东研究表明资本劳动比有所增长时对推动产业结构转型升级具有显著正向影响，而地方政府的财政权力有所削弱时则对推动产业结构转型升级产生一定负向影响；孙湘湘等研究指出资本市场存在抑制产业结构优化升级的负面作用，其中金融生态环境的优劣是主要原因之一，其环境越差抑制作用越明显，为了缓解这种负面影响可以借助较高的市场化程度和高效的政府工作效率进行解决；赵冉冉和沈春苗研究提出资本流动对实现产业结构升级发挥着积极促进作用，但同时也需要关注不同资本类型所产生的异质性影响，具体财政、社会和境外类型资本的流动能够积极促进产业结构进行升级，而银行资本则不存在对产业结构升级的显著影响。关于技术要素对产业结构所产生的作用，李建和徐海成通过探究我国技术从效率和技术进步两个方面分别对产业结构调整存在的动态影响，结果表明技术效率是出现第一产业和第二产业比重有所变化的核心因素，而技术进步并未与产业结构调整相适应，技术效率和技术进步在很大程度上起到对第二产业的重要调整作用，但对第三产业的影响却微乎其微；刘艺璇和贺建风通过从人员投入和科技资本两个方面视角分析科技要素的投入是否存在对产业结构升级的影响，结果表明加大科技人员和科技资本投入分别对产业结构升级产生影响的结论截然相反，前者起到的是抑制作用而后者却起到的是促进作用，由此指出科技要素对我国产业结构升级产生的作用仍具有较大的提升空间。此外，由于产业是一种经济结构，对产业投入即对生产要素形成的各种组合进行投入，基于此，造成产业结构变化的原因也是在于对不同生产要素进行配置。产业在发展早期，虽然土地和劳动力要素存在相对剩余，但资本要素却相对缺乏，在此发展背景下，林毅夫基于比较优势理论提出了鉴于发展中国家或地区存在资源和劳动力要素等方面的优势，开拓资源劳动密集型产业大规模发展会对该地区经济发展具有积极作用。在资本要素不断得到积累的前提下，产业结构中的主导产业已由原先的第二产业向第三产业进行转变，具体表现为制造业向服务业的变化。

（4）创新驱动因素。

随着经济全球化的不断深入，世界多数国家和地区已然认识到创新对推动产业结构转型升级的驱动力量，这在学术界也得到了广泛关注，学者们努力从不同维度积极探索创新同产业结构转型升级的关联。从创新对产业结构转型升级存在的重要作用来看，大量研究普遍证实了创新能够积极推动产业结构进行转型升级。皮奥贝利等（Pietrobelli et al.）研究表明产业升级是基于创新带动，加速创造出更多附加值的过程，但卡普林斯基和

莫瑞斯（Kaplinsky and Morris）又补充道，处于充满竞争的环境下才可能
加速创新过程和提高创新效率在更大程度上推动产业进行升级；阿尔顿伯
格等（Altenburg et al.）研究表明形成创新系统并推动其发展不仅促进了
高新科技模仿能力的提高、原始创新能力的提升和竞争优势的加强，而且
有力促进了产业结构合理化发展，卡妮（Caiani）针对高技术模仿进行相
关研究发现，企业在向竞争对手进行模仿的同时存在一定溢出效应，同时
会形成对熊彼特竞争过程的影响，进而有助于实现产业结构演进和行业内
创新绩效提升；唐清泉和李海威研究表明产业结构转型升级离不开科研创
新的重要推动，并提出广东省大中型产业的驱动因素已由过去的效率驱动
转变为当前的创新驱动；黄林秀和欧阳琳通过研究美国自 20 世纪以来的
产业结构变迁历程后发现产业结构持续得到优化升级是实现经济可持续发
展的动力源泉，而产业结构调整离不开创新的推动作用；王桂月等在概念
性提出创新能够实现产业转型发展之后对相关指标体系进行了构建，研究
发现创新性的投入、产出与环境对产业转型升级的影响虽然具有阶段性波
动但总体呈积极促进作用；周忠民基于湖南省相关研究数据发现科技创新
长期存在同产业结构的协整关系，作为产业结构的格兰杰原因，科技创新
对产业结构呈现的影响会出现滞后性。从创新推动产业结构转型升级的具
体作用路径来看，很多学者基于不同角度进行了分析，但大多数研究的落
脚点在于将技术创新视为创新实现产业结构转型升级的中介作用。尼拉森
等（Nelson et al.）早期便从多维度阐明了技术创新存在影响产业结构升
级的动态演化机理，并在此基础上构建了关于两者的动态演化模型（NW
模型）；辜胜阻和刘传江研究指出技术创新对单独产业部门的未来发展方
向和多个产业部门间有序更替均具有决定性影响；薛继亮通过研究指出我
国大力发展产业技术取得的产值不断增加和资本逐步深化等成果会积极促
进产业转型升级，同时技术被精准选择也反映出技术选择的匹配性对产业
转型升级具有决定作用；陶长琪和齐亚伟研究提出想要通过技术进步实现
产业结构变化，可以采取的有效举措包括进行新兴产业部门的创立、对原
有产业部门的改造、技术的变革与创新等；林春艳和孔凡超研究发现技术

的引进与创新是推动产业结构合理化发展的重要因素之一，具体影响程度决定于技术的高低水平和产业结构发展现状，除此之外进行模仿创新存在对产业结构高级化发展的正向溢出影响；赵玉林和谷军健研究表明技术创新和制度创新分别依靠相互作用路径实现对产业生产率的影响，并产生与产业升级的协同作用。

2.3 交通基础设施与产业结构转型升级关系的相关研究

交通基础设施与产业结构转型升级关系的相关研究，主要集中于交通基础设施对产业结构转型升级的影响，其早先始于经济区位理论，胡佛（Hoover）研究表明对交通基础设施进行合理布局能够促进企业和地区形成有效经济集聚；塔菲等（Taaffe et al.）从区域角度构建了交通—区域发展模型以表明交通基础设施与区域产业发展的作用关系；克鲁格曼（Krugman）又提出了著名的"中心外围"模型用于考察交通成本是否存在对产业集聚的显著影响；蒋华雄等通过研究发现在具有制造业和服务业特征的城市开通高铁有利于产业结构升级，尤其是会显著促进处于区位中心的城市产生溢出效应，进而对周边城市产业结构升级也会形成促进；李建民等研究表明随着我国高铁网络得到不断建设和完善，城际间开通高铁有力推动了产业结构进行转型升级，特别是在中心城市开通高铁产生的产业结构转型升级作用要比在外围城市开通高铁的促进作用更加显著。之后通过相关研究表明了交通基础设施对产业结构转型升级产生的影响可以从直接和间接两方面来看。交通基础设施对产业结构转型升级产生的直接效应，体现为交通基础设施在建设阶段能够增加地区的资本流入、就业和收入等直接对产业结构转型升级产生影响，而交通基础设施在运营阶段能够通过有效降低运输成本、促进要素流动以及降低库存水平等直接对产业结构转型升级产生影响。吉瓦塔纳库帕萨恩（Jiwattanakulpaisarn）研究提出交通基础设施建设能够带动就业增加和收入提高，从而对地区工业品和服务消费形成刺激，进而促进了工业和服务业的发展；冯白和葛扬研究发现交通基础设施在建设阶段会促进当地固定资产投资的大幅增加，而固定资产投资能够对第二产业产生明显拉动作用，使第二产业占比显著提升从而促进产业结构的转型，而相关产业得到更多资本也会有效改善邻近地区的产业布局；任晓红研究提出了根据传统区位理论及新经济地理模型理论，完善的交通基础设施能够有效降低产业的运输成本，不仅有利于规模经济的形成，而且能够刺激生产竞争，进而对经济格局形成影响有力促进了产业结构升级；斯罗蒂和索马霍洛（Selod and Soumahoro）研究认为交通基础设施运营能够直接降低企业的生产成本和减少企业的库存投资，使企业可以有更多资金向研发创新领域进行投入，同时也能促进有较强时效性且附加值较高的产品能够更快投入市场，从而推动产业发展；张景波研究提出交通基础设施有助于加快要素流动，尤其是当劳动力要素从第一产业向第二、第三产业进行转移时，具有良好的交通基础设施能够加快促进农村剩余劳动力向城市的工业和服务业产生供给；孙辉和黄亮雄通过研究发现交通基础设施发展能够有效破除贸易在地区间的地理壁垒，积极扩大优势企业的市场范围及规模经济，以实现产业的优化组合。交通基础设施对产业结构转型升级产生的间接效应，体现为交通基础设施在运营阶段能够通过促进贫困地区收入增加、国际贸易、外商直接投资和技术创新等间接对产业结构转型升级产生影响。康继军等研究发现基于交通基础设施发展能够有效降低运输成本，使偏远地区的商品价格水平下降，从间接层面提升了该地居民的收入水平及实际购买力，工业品和服务的收入弹性随之变大，居民对工业品及服务的消费增多，进而对第二、第三产业发展形成促进；埃斯塔克（Estache）、方和张（Fan and Zhang）、刘晓光等通过研究认为对于贫困地区而言，交通基础设施发展具有较强的减贫效应，有助于通过增加贫困地区的非农就业机会以促进劳动力向第二、第三产业进行转移，同时交通基础设施通过疏通产品外销渠道能够有利于增加贫困地区收入；布格拉斯等（Bougheas et al.）和弗朗索瓦等（Francois et al.）通过研究发现无论是在沿海还是内陆地区，交通基础设施的发展都能够显著增加贸易流量；陈海波和陈赤平通过对 FDI 的影响路径进行研究，发现交通基础设施的改善能提高地区对 FDI 的吸引力度，并通过技术溢出、知识溢出、产业迁移效应和示范效应对东道国的制造业结构产生提升，但不同交通基础设施的影响机制及影响程度有所不同；马明、林春艳和孔凡超研究认为交通基础设施的发展有助于减少区域内部载有知识的人员、资本等创新要素的流动障碍，促进了隐性知识的溢出水平以及技术创新，根据区域创新对各个产业的影响来看，技术创新不仅能够催生创新产业，而且能够通过新技术和新设备对传统产业进行改造，有助于提升产业的附加值，从而加快了产业结构高级化发展速度。

交通基础设施影响产业结构转型升级存在的异质性情况也值得关注。由于各行业的生产特征不同，因此交通基础设施的发展对各个行业产生的影响存在较大差别，综合来看交通基础设施更有利于促进服务业和高新技术制造业的发展。钱德拉和汤普森（Chandra and Thompson）研究提出在20 世纪 60 年代，美国公路的发展促进了沿线地区工业及服务业的发展；霍尔（Holl）研究发现西班牙高速公路的发展提高地区通达性的同时吸引了大批制造业形成集聚；哈尼斯和玛尔格（Haines and Margo）研究提出自 19 世纪中期美国铁路开通以来，沿线地区通达性明显提高的同时，其沿线农业产值有所下降，而服务业产值有所上升；王洋和吴斌珍研究认为交通基础设施的建设和完善能够有利于第二、第三产业的发展，根据产业差异促进产业结构升级。交通基础设施的发展对沿线城市的影响存在异质性情况，高铁开通后不可避免地会对外围城市的部分利益有所牺牲，以成全处于区位中心且规模较大城市的发展。毛琦梁和王菲研究发现当前城市间可达性效率还不高，缩短本地区到中心城市间距离会对城市产业增长存在抑制作用，但当城市间可达性效率有所提高时则会出现促进作用，因而中心城市可达性存在与城市产业增长的倒"U"形关系。

2.4 文献述评

关于交通基础设施的影响研究，国内外学者对交通基础设施分别产生的经济影响、环境影响和社会影响进行了大量研究，且各维度影响的研究不仅在深度上而且在广度上都得到了不断拓展，所得的研究结论也对本书分析交通基础设施投资水平具有重要的借鉴意义。但是，总结现有文献发现，这些文献在分析交通基础设施的影响时多数只基于一个研究维度，即仅选择从经济维度、环境维度或社会维度其中一方面进行研究，很少有研究从两个维度或三个维度综合考虑交通基础设施产生的影响。由此，为考察交通基础设施产生的综合影响，有必要从两个维度或三个维度的视角进行考虑。这为本书研究留下了一定拓展空间，基于此，本书在考察交通基础设施投资水平时，是从交通基础设施投资对经济与环境综合发展产生影响的角度进行分析，这也符合当前全球可持续发展理念的要求。此外，关于交通基础设施投资的影响评价方法，根据各种评价方法的构成原理和适用范围，结合本书的研究目的，本书选择 DEA 方法进行相关研究。具体本书关于交通基础设施投资对经济与环境综合发展产生的影响评价，是基于投入和产出视角，并在投入和产出端都有一系列指标组成，因此选择 DEA 方法进行研究较为合适。

关于交通基础设施与产业结构转型升级关系的相关研究，现有文献主要集中于交通基础设施对产业结构转型升级产生的影响研究，而且前者对后者产生的影响机制研究也从多角度进行了广泛探索，但是关于产业结构转型升级对交通基础设施产生的影响研究却较为少见。因此，这为本书开展交通基础设施投资与产业结构转型升级的互动机制研究提供了探索空间。此外，理论和现实都检验了"一带一路"倡议的实施不仅能够有力推动交通基础设施的投资建设，而且也为产业结构转型升级带来了新的发展机遇，但是还缺乏关于"一带一路"倡议的实施影响交通基础设施投资与产业结构转型升级的互动机制研究，而本书正好补充了这一研究。

第 3 章

"一带一路"倡议实施的政策影响评价

当前我国经济已经迈向高质量发展阶段,探究交通基础设施投资与产业结构转型升级之间的相互关系和互动机制,并考察"一带一路"倡议的实施对两者之间互动机制所产生的影响,这些都对推动我国经济高质量发展具有重要意义。本章研究的主要目的是要为本书后续研究奠定重要的政策背景。其具体思路是:基于本书研究的两个主体分别为交通基础设施投资和产业结构转型升级,那么验证"一带一路"倡议分别对交通基础设施投资和产业结构转型升级具有显著的政策影响,将进一步表明在对两个主体之间互动机制进行讨论时并不能忽视"一带一路"倡议实施的政策背景,因此本章将从理论分析和实证检验的角度考察"一带一路"倡议分别对交通基础设施投资和产业结构转型升级产生的影响,以评价"一带一路"倡议对两者的相关实施成效。

3.1 "一带一路"倡议的实施对交通基础设施投资产生的影响

3.1.1 研究假设

"一带一路"倡议的实施对交通基础设施投资产生的影响,可以从拉动需求、加强投资和影响成效的逻辑进行分析。习近平主席出席第二届

"一带一路"国际合作高峰论坛开幕式时强调:共建"一带一路",关键是互联互通。而基础设施作为互联互通的基石,却成为许多国家发展面临的"瓶颈"。因此,基础设施的发展需求自"一带一路"倡议提出以来一直较为强劲,特别是交通基础设施。根据 BMI 对全球基建项目数据的统计,2018 年"一带一路"沿线国家交通基础设施新签合同额在能源、交通、通信和水务基础设施中占比最高。由于沿线多为发展中国家,交通基础设施在相关国家开展城市化和工业化发展的影响下将迎来更大规模的发展建设,由此对交通基础设施产生的建设需求将会进一步升级。《"一带一路"国家基础设施发展指数报告 2019》也指出,各国交通基础设施短期内仍将是基础设施投资的热点行业,同时为缓解沿线国家基础设施建设的资金短缺,开发与政策性金融机构、商业银行和专项投资资金等机构为"一带一路"基础设施建设获得资金支持提供了重要来源。可见"一带一路"倡议强有力地拉动了交通基础设施的建设需求并长期保持着投资强度,然而如此大规模的交通基础设施投资,必然对沿线国家的经济与环境发展产生深远影响。在"一带一路"倡议推进下,交通等基础设施互联互通得以改善的同时,对产业投资布局进一步优化和经贸合作日益升级都将产生积极作用,这些都将显著促进沿线国家经济发展[217,218]。同时,大规模道路建设对缓解交通拥堵产生的节能减排成效,以及交通基础设施的技术溢出效应带来先进环保技术的广泛应用等都对沿线国家环境发展起到积极作用[219]。综上所述,本章提出研究假设 H3-1:

H3-1:"一带一路"倡议的实施对沿线地区交通基础设施投资水平的提升具有积极促进作用。

3.1.2 范围调整度量模型

在进行"一带一路"倡议的实施对交通基础设施投资的影响分析之前,首先需要对交通基础设施投资水平进行测度,本书是从效率视角出发,并基于可持续发展理念,通过交通基础设施投资同经济与环境综合发展之间的投入产出比，即运用交通基础设施的经济与环境联合效率对交通基础设施投资水平进行测度。基于研究目的，本章选择埃达等（Aida et al.[220]）提出的范围调整度量模型（RAM）进行效率测度。RAM 模型是在数据包络分析 DEA 方法的基础上提出的，DEA 方法是依靠数学工具对经济系统在其生产前沿面的有效性进行评价的非参数方法，其主要适用于对具有多投入与多产出的多目标决策单元进行绩效评价。DEA 模型基于是否为径向可分为两大类型，其中径向 DEA 模型在面对无效决策单元时是通过对所有投入（基于投入导向）进行同等比例减少或对所有产出（基于产出导向）进行同等比例增加来实现有效状态，因而无法对非期望产出的非径向且存在的松弛问题进行考察。因此，若投入和产出存在松弛性问题时，径向 DEA 模型的应用往往会出现对决策单元低估的无效率水平，而 RAM 模型作为非径向 DEA 模型很好地克服了以上模型存在的自然缺陷。另外，RAM 模型所特有的加性结构，不仅能够分别实现基于期望产出和非期望产出的独立效率测度，而且还能够将两者独立效率进行整合相加以进一步实现联合效率的测度。鉴于此，本章采用 RAM 模型对衡量我国交通基础设施投资水平的交通基础设施经济与环境联合效率进行测度。

3.1.2.1 模型介绍

经济效率的 RAM 模型：

$$\max \left\{ \left(\sum_{n=1}^{N} R_n^x s_n^x + \sum_{p=1}^{P} R_p^y s_p^y \right) \middle| \begin{array}{l} \sum_{j=1}^{J} x_{nj}\lambda_j + s_n^x = x_{nj}, \forall n; \sum_{j=1}^{J} y_{pj}\lambda_j - s_p^y = y_{pj}, \forall p; \\ \sum_{j=1}^{J} \lambda_j = 1, \lambda_j \geq 0, \forall j; s_n^x \geq 0, \forall n; s_p^y \geq 0, \forall p; \end{array} \right\}$$

$$(3.1)$$

其中，x_{nj} 和 y_{pj} 分别表示地区 j 的第 n 种普通投入要素和第 p 种期望产出要素；λ_j 表示地区 j 的权重；R_n^x 和 R_p^y 分别为松弛变量 s_n^x 和 s_p^y 的调整区间，具体的表达式为：

$$\left.\begin{array}{l} R_n^x = \dfrac{1}{(N+P)\left[\,\mathrm{Max}(x_{nj}) - \mathrm{Min}(x_{nj})\,\right]} \\[3mm] R_p^y = \dfrac{1}{(N+P)\left[\,\mathrm{Max}(y_{pj}) - \mathrm{Min}(y_j)\,\right]} \end{array}\right\} \tag{3.2}$$

假设 λ^* 表示模型（3.1）取得最优解状态时每个地区在经济生产过程中可能达到最大相对效率的横截面观察值的权重；s_n^{x*} 和 s_p^{y*} 分别表示最优解状态投入与产出的松弛变量。此时，地区 j 第 t 年的 RAM 经济效率指标可以转化为：

$$0 \leqslant \theta_p = 1 - \left(\sum_{n=1}^{N} R_n^x s_n^{x*} + \sum_{p=1}^{p} R_p^y s_p^{y*}\right) \leqslant 1 \tag{3.3}$$

环境效率的 *RAM* 模型：

$$\max \left\{\begin{array}{l} \left(\sum_{n=1}^{N} R_n^x s_n^x + \sum_{m=1}^{M} R_m^e (s_m^{e+} + s_m^{e-}) + \sum_{i=1}^{I} R_i^b s_i^b\right) \mid \sum_{j=1}^{J} x_{nj}\lambda_j + s_n^x = x_{nj}, \forall n; \\[3mm] \sum_{j=1}^{J} e_{mj}\lambda_j - s_m^{e+} + s_m^{e-} = e_{mj}, \forall m; \sum_{j=1}^{J} b_{ij}\lambda_j + s_i^b = b_{ij}, \forall i; \\[3mm] \sum_{j=1}^{J} \lambda_j = 1, \lambda_j \geqslant 0, \forall j; s_n^x \geqslant 0, \forall n; s_m^{e+} \geqslant 0, s_m^{e-} \geqslant 0, \forall m; s_i^b \geqslant 0, \forall i \end{array}\right\}$$

$$\tag{3.4}$$

其中，e_{mj} 和 b_{ij} 分别表示地区 j 的第 m 种能源投入要素和第 i 种非期望产出要素；s_m^{e+} 和 s_m^{e-} 表示第 m 种能源投入的两个松弛变量，其中的 $+$、$-$ 符号分别表示能源扩张和缩减两个投影方向；R_m^e 和 R_i^b 分别表示松弛变量 s_m^{e+}、s_m^{e-} 和 s_i^b 的调整区间，具体的表达式为：

$$\left.\begin{array}{l} R_m^e = \dfrac{1}{(N+M+I)\left[\,\mathrm{Max}(e_{mj}) - \mathrm{Min}(e_{mj})\,\right]} \\[3mm] R_i^b = \dfrac{1}{(N+M+I)\left[\,\mathrm{Max}(b_{ij}) - \mathrm{Min}(b_{ij})\,\right]} \end{array}\right\} \tag{3.5}$$

本章仅将 CO_2 排放量作为非期望产出，s_m^{e+*}、s_m^{e-*} 和 s_i^{b*} 分别表示最优解状态投入与产出的松弛变量。依据上述模型（3.4），地区 j 第 t 年的 RAM 环境效率指标可以转化为：

$$0 \leq \theta_E = 1 - \Big[\sum_{n=1}^{N} R_n^x s_n^{x*} + \sum_{m=1}^{M} R_m^e (s_m^{e+*} + s_m^{e-*}) + \sum_{i=1}^{I} R_i^b s_i^{b*} \Big] \leq 1$$

$$(3.6)$$

基于 RAM 模型所特有的加性结构，在统一框架下实现经济效率与环境效率的整合，由此得到经济与环境联合效率的 RAM 模型：

$$\max \left\{ \begin{array}{l} \Big[\sum_{n=1}^{N} R_n^x s_n^x + \sum_{m=1}^{M} R_m^e (s_m^{e+} + s_m^{e-}) + \sum_{p=1}^{p} R_p^y s_p^y + \sum_{i=1}^{I} R_i^b s_i^b \Big] \Big| \sum_{j=1}^{J} x_{nj} \lambda_j \\ + s_n^x = x_{nj}, \forall n; \sum_{j=1}^{J} e_{mj} \lambda_j - s_m^{e+} + s_m^{e-} = e_{mj}, \forall m; \sum_{j=1}^{J} y_{pj} \lambda_j - s_p^y = y_{pj}, \forall p; \\ \sum_{j=1}^{J} b_{ij} \lambda_j + s_i^b = b_{ij}, \forall i; \sum_{j=1}^{J} \lambda_j = 1, \lambda_j \geq 0, \forall j; s_n^x \geq 0, \forall n; s_m^{e+} \geq 0, \\ s_m^{e-} \geq 0, \forall m; s_p^y \geq 0, \forall p; s_i^b \geq 0, \forall i \end{array} \right\}$$

$$(3.7)$$

当模型（3.7）取得最优解状态时，地区 j 第 t 年的 RAM 联合效率指标可以转化为：

$$0 \leq \theta_U = 1 - \Big[\sum_{n=1}^{N} R_n^x s_n^{x*} + \sum_{m=1}^{M} R_m^e (s_m^{e+*} + s_m^{e-*}) + \sum_{p=1}^{p} R_p^y s_p^{y*}$$
$$+ \sum_{i=1}^{I} R_i^b s_i^{b*} \Big] \leq 1 \qquad (3.8)$$

3.1.2.2 指标选取和数据来源

为测度交通基础设施经济与环境联合效率，本章选取的指标和数据来源如表 3.1 所示。由于西藏、港澳台地区的相关数据缺失，本章收集了除以上地区外的全国 30 个省区市 2007～2018 年的面板数据[①]。

---

① 本书研究涉及的所有变量在进行具体测度衡量时，使用到的数据均为 2007～2018 年的面板数据。之所以选择 2007～2018 年作为研究期间，具体原因有以下两点：第一，基于全书前后章节的研究具有较强的逻辑性和延续性，因此必须保证各章研究具有统一的研究期间。第二，具体研究期间的选定并不是由主观决定的，而是由全书所有变量使用数据的可获得性客观决定的，就比如：在本书中使用到的多个数据在 2007 年之前存在严重缺失，而且也不适合进行缺失值处理，因此本书使用到的数据均是从 2007 年开始收集的；同时之所以研究期间在 2018 年截止，这是由于本书在撰写过程中多个数据搜集的具体来源也只更新到了 2018 年。

表 3.1　　　　　　　　交通基础设施经济与环境联合效率评价指标

类型	变量名称	量化值	单位	数据来源
投入指标	劳动力	交通运输业从业人员数量	人	《中国统计年鉴》
	资本存量	交通运输业资本存量	亿元	
	能源消耗	交通运输业能源消耗量	万吨标准煤	《中国能源统计年鉴》
产出指标	期望产出	交通运输业综合换算周转量	亿吨公里	《中国统计年鉴》
		交通运输业生产总值	亿元	
	非期望产出	交通运输业 CO_2 排放量	万吨	《2006 年 IPCC 国家温室气体清单指南》《中国能源统计年鉴》

　　以上指标的处理过程包括资本存量：采用永续盘存法对交通运输业资本存量进行了估算，借鉴张军等的处理方法，具体计算公式为：$K_{it} = I_{it} + (1 - \delta_{it})K_{it-1}$。其中 K_{it-1} 表示第 i 个省区市上一期的实际资本存量；I_{it} 表示第 i 个省区市当期实际投资水平；δ 为折旧率，取值为 9.6%。为剔除价格因素的影响，本章将资本存量数据统一折算为以 2007 年为基期的不变价格数据。劳动力方面，采用各地区交通运输从业人员数量进行表示。能源消耗：依据交通运输业对各种能源的消耗总量，利用各种能源对应标准煤的转换系数统一折算为标准煤并进行加总，以表示能源消耗总量。期望产出：包括交通运输业生产总值和交通运输业综合换算周转量。其中，交通运输业生产总值采用第三产业增加值指数将其调整为以 2007 年为基期的不变价格数据。交通运输业综合换算周转量按照我国关于客运、货运周转量之间换算比率的统计规定进行计算得到，具体客货换算系数如表 3.2 所示。基于对数据是否容易获取进行考量，因而水路运输统一采用 1/3 系数进行计算并且未对航空运输数据进行选择。非期望产出：交通运输业 CO_2 排放量，基于 IPCC（2006）指导方法中的"自下而上"法，将选用的各类能源消耗量代入其中进行计算得到。具体计算公式为：$TC_{it} = \sum_{n=1}^{m} E_n F_{nit}$。其中，$TC_{it}$ 表示地区 i 第 t 年的交通运输 CO_2 排放量；E_n 表示

第 n 种能源消耗的 CO_2 排放因子；F_{nit} 表示地区 i 第 t 年第 n 种的能源消耗量；m 表示能源消耗的种类数量。

表 3.2 综合换算周转量换算系数

交通运输方式	公路	铁路	航空	水路
换算系数	1/10	1	1/13	1（卧铺） 1/3（座位）

3.1.3 双重差分模型

为探究"一带一路"倡议的实施对交通基础设施投资产生的影响，可以采用单差分法得到"一带一路"倡议提出前后交通基础设施投资水平的差异来判断。但由于在"一带一路"倡议提出前后，可能存在影响交通基础设施投资水平的其他政策或因素，而单差分法在应用时却未能将该情况包含考虑，进而有可能会高估"一带一路"倡议的作用。由此本章采用更为科学的双重差分法评价"一带一路"倡议的实施对交通基础设施投资产生的影响。双重差分模型（DID）是在（准）自然实验条件下，在选取近似样本（"对照组"/"控制组"）之后，将其同实验后样本（"处理组"/"实验组"）的差异进行比较，从而获得政策效果在统计层面的无偏估计。基于计量经济学的角度分析，使用 DID 模型能够有效解决传统计量分析方法中由于将政策作为自变量所产生的内生性困扰，因而模型设置更加科学；此外，利用固定效应模型进行估计也在一定程度上缓解了遗漏变量产生的偏误，从而使模型估计更加准确。

3.1.3.1 模型介绍

一项政策举措在被正式颁布之后，往往需要经过一段时间考验才能对政策的执行效果作出准确的评价。在具体的计量分析过程中，某一政策的实施对被解释变量产生的净影响将通过该项政策实施前后被解释变量的变

化呈现出来。本章借鉴陈强[222]的相关论述,对 DID 模型进行简要介绍。假设存在如下两期面板数据:

$$y_{it} = \alpha + \gamma D_t + \beta x_{it} + \mu_i + \varepsilon_{it} \quad (i = 1, \cdots, n; \ t = 1, 2) \quad (3.9)$$

其中,D_t 为实验期虚拟变量,若第 1 期政策未实施时 $D_t = 0$,若第 2 期政策已实施时 $D_t = 1$;μ_i 为不可观测的个体特征;x_{it} 为政策虚拟变量,具体取值如下:

$$x_{it} = \begin{cases} 1, & \text{若 } i \in \text{实验组,且 } t = 2 \\ 0, & \text{其他} \end{cases} \quad (3.10)$$

由此,在第 1 期政策实施之前,实验组与控制组并未有所差别对待,x_{it} 取值都是 0;在第 2 期政策实施之后,对实验组 x_{it} 取值为 1,而对控制组 x_{it} 取值依然为 0。如若该项实验没有实现完全随机化,那么 x_{it} 可能存在与被遗漏的个体特征 μ_i 相关的情况,进而导致最小二乘估计结果有偏。对此,可以对式 (3.9) 进行一阶差分,在对个体特征变量 μ_i 进行消除之后可得如下公式:

$$\Delta y_i = \gamma + \beta x_{i2} + \Delta \varepsilon_i \quad (3.11)$$

接下来利用 OLS 便可得到一致估计结果。根据与差分估计量相同的推理可得:

$$\hat{\beta}_{OLS} = \Delta \bar{y}_{treat} - \Delta \bar{y}_{control} = (\bar{y}_{treat,2} - \bar{y}_{treat,1}) - (\bar{y}_{control,2} - \bar{y}_{control,1}) \quad (3.12)$$

由图 3.1 可知,双重差分估计量即为实验组平均化同控制组平均化的两者之差,且对实验组和控制组"实验前差异"产生的影响进行了剔除。

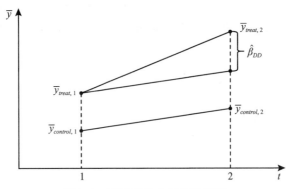

图 3.1 双重差分估计量示意图

3.1.3.2 模型设定

本章以"一带一路"倡议的提出作为准自然实验,并借鉴已有研究选取"一带一路"沿线地区①作为处理组,非"一带一路"沿线地区作为对照组[223]。构建模型如下:

$$UE_{it} = \alpha_0 + \alpha_1 silkroad_i \times post_t + \alpha_2 X_{it} + \gamma_t + \mu_i + \varepsilon_{it} \quad (3.13)$$

其中,UE_{it} 为地区 i 第 t 年的衡量交通基础设施投资水平的交通基础设施经济与环境联合效率;$silkroad_i$ 为分组虚拟变量,用来判断地区 i 是否为"一带一路"沿线地区;$post_t$ 为分期虚拟变量,用来判断第 t 年"一带一路"倡议是否被提出;$silkroad_i \times post_t$ 为倡议虚拟变量,用分组与分期虚拟变量的交互项来表示;X_{it} 为控制变量;γ_t 为时间固定效应;μ_i 为地区固定效应;ε_{it} 为随机误差项。

3.1.3.3 变量选取和数据来源

本章收集了除西藏、港澳台地区外的全国 30 个省区市 2007~2018 年的面板数据。各变量的具体选取情况及数据来源如下。

被解释变量(UE_{it}):基于本章的研究目的,选取交通基础设施的经济与环境联合效率作为被解释变量,具体通过 RAM 模型测度得到。

核心解释变量($silkroad_i \times post_t$):本章选取分组与分期虚拟变量的交互项作为核心解释变量。$silkroad_i$ 为判断地区 i 是否为沿线地区的虚拟变量,如果地区 i 是沿线地区将该变量设定为 1,否则为 0;$post_t$ 为判断在第 t 年时"一带一路"倡议是否被提出的虚拟变量,由于"一带一路"倡议是在 2013 年提出的,因此将 2013 年及之后年份的该变量设定为 1,将之前年份的设定为 0。

---

① 具体沿线地区是指《推动共建丝绸之路经济带和 21 世纪海上丝绸之路的愿景与行动》中提到的我国"一带一路"沿线 17 个省区市,即内蒙古、辽宁、吉林、黑龙江、上海、浙江、福建、广东、广西、海南、重庆、云南、陕西、甘肃、青海、宁夏、新疆(因西藏地区相关数据不完整,本书未做考虑)。

控制变量（X_{it}）包括：交通运输业发展规模（tid），用行业增加值进行表示，为剔除价格因素的影响本章采用第三产业增加值指数将其调整为以2007年为基期的不变价格数据；交通运输结构（ts），用公路运输换算周转量与交通运输行业综合换算周转量的比值进行表示；城市化水平（urb）用各地区非农业人口与总人口的比值进行表示；对外开放水平（$open$）用进出口贸易总额与当年GDP的比值进行表示；从业人口（pop）用交通运输业从业人员数量进行表示；交通网络密度（tnd）用铁路、公路和内河航道里程之和与所在省区市土地面积的比值进行表示。为削弱数据的异方差性将变量pop取自然对数后纳入模型。控制变量中tid、ts和pop的数据来源于《中国统计年鉴》；urb的数据来源于《中国人口和就业统计年鉴》；$open$的数据来源于各地区《统计年鉴》；tnd的数据来源于《中国统计年鉴》和《中国区域经济统计年鉴》。

3.1.4　实证结果与分析

3.1.4.1　交通基础设施投资水平

根据式（3.1）~式（3.8），采用MAXDEA软件对全国各省区市的交通基础设施的经济效率、环境效率和联合效率进行测算，具体三种效率在2007~2018年的平均值如表3.3所示。结果表示，全国交通基础设施的经济效率、环境效率和联合效率的平均值分别为0.902、0.657和0.900，说明虽然我国交通基础设施发展所取得的经济效益要大于环境效益，但是总体上我国交通基础设施发展带来了经济发展与碳排放的良性耦合。区域层面，非沿线和沿线地区的经济效率平均值分别为0.904和0.900；环境效率平均值分别为0.620和0.685；联合效率平均值分别为0.904和0.898。这说明非沿线地区的交通基础设施发展取得了较好的经济效益；沿线地区的交通基础设施发展带来较少的环境污染；从兼顾经济发展与环境保护的情况来看，非沿线地区的交通基础设施发展取得了较好的成绩，而沿线地区相对落后，但两个地区间的差距不大，沿线地区发展具有追赶势头。

表 3.3　　　　2007～2018 年全国交通基础设施三种效率的平均值

	地区	EE	CE	UE
非"一带一路"沿线地区	北京	0.744	0.554	0.756
	天津	0.979	0.842	0.981
	河北	1.000	0.587	1.000
	山西	0.909	0.718	0.907
	江苏	0.965	0.401	0.961
	安徽	0.969	0.751	0.973
	江西	0.930	0.809	0.933
	山东	0.950	0.264	0.944
	河南	0.919	0.573	0.918
	湖北	0.787	0.510	0.771
	湖南	0.878	0.650	0.872
	四川	0.767	0.564	0.777
	贵州	0.955	0.835	0.953
	区域均值	0.904	0.620	0.904
"一带一路"沿线地区	内蒙古	0.872	0.633	0.863
	辽宁	0.848	0.431	0.820
	吉林	0.901	0.826	0.909
	黑龙江	0.839	0.706	0.847
	上海	1.000	0.348	1.000
	浙江	0.865	0.510	0.850
	福建	0.898	0.651	0.900
	广东	0.877	0.011	0.865
	广西	0.866	0.719	0.865
	海南	0.972	0.957	0.971

续表

地区		EE	CE	UE
"一带一路"沿线地区	重庆	0.856	0.739	0.864
	云南	0.796	0.691	0.796
	陕西	0.848	0.708	0.853
	甘肃	0.967	0.903	0.966
	青海	0.998	0.998	0.998
	宁夏	1.000	1.000	1.000
	新疆	0.905	0.818	0.899
	区域均值	0.900	0.685	0.898

注：EE 代表经济效率，CE 代表环境效率和 UE 代表经济与环境联合效率。

为了解"一带一路"倡议提出前后全国和区域层面的交通基础设施三种效率的具体变化情况，本章分别对三种效率的时间变化趋势进行分析。在交通基础设施的经济效率方面，由图 3.2 可知 2007 ~ 2018 年全国的经济效率总体呈现上升趋势，但具有阶段性变化。其中 2009 年经济效率下降明显，可能的原因是中国政府为尽快缓解国际金融危机带来的不利影响，主要在交通等基础设施领域投入了 4 万亿元以期实现对经济发展的拉动目的，但经济增长由于存在政策的滞后性影响并未实现，最终却造成了资本投入冗余的结果。2010 ~ 2012 年经济效率实现稳步上升，可能的原因是不仅综合换算周转量而且还包括交通运输增加值在 2010 年之后都呈现出了快速上升趋势。2013 年经济效率出现轻微幅度下降，可能的原因是中国经济发展开始步入"新常态"，推行了一系列经济改革举措以推动产业实施改造升级，因此造成了我国交通基础设施的经济效率有所下降。2013 年之后经济效率保持平稳增长，可能的原因是中国的经济改革出现一定成效和提出"一带一路"倡议。分区域来看，非沿线地区和沿线地区的交通基础设施的经济效率总体趋势与全国的相近，但是 2013 年之前非沿线地区的经济效率一直高于沿线地区，这主要因为非沿线地区包括经济较为发达的中国中、东部地区的多个省份。包括中国经济相对落后的西部多个省份在内的沿线地区的交通基础设施的经济效率一直低下，但令人意外的是 2013 年之后这样的结果有所改变，沿线地区的交通基础设施的经济效率反超非沿线地区，很可能的原因是"一带一路"倡议的提出。

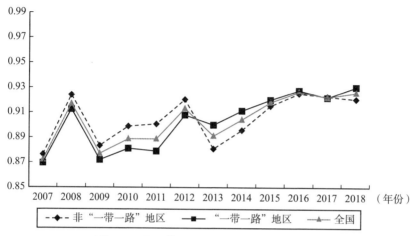

图 3.2　交通基础设施经济效率的变化趋势

在交通基础设施的环境效率方面，由图 3.3 可知，2007 ~ 2018 年全国的环境效率总体呈现平稳趋势，但效率水平不高，由此可见行业的节能减排潜力很大。其可能的原因包括：基于政策支持，交通基础设施的不断建设和完善促进了交通运输业的快速发展，使能源消耗产生跳跃式增长进而对环境产生负面影响。同时，为了实现交通运输业的节能减排目标中国采取了多项举措，除了进行大规模交通基础设施建设用以缓解交通拥堵带来的空气污染外，还包括建立和完善结构合理以及优势互补的综合运输体系达到系统减排目的、降低能源消耗并积极推动交通运输业对清洁能源的使用、大力发展新能源汽车产业等。虽然节能减排取得了一定成效，但与近年来大规模的交通基础设施运营带来的环境负面影响相互抵消，因此全国的环境效率没有较大的变化。分区域来看，非沿线地区和沿线地区的环境效率总体趋势与全国的相近。但是沿线地区的交通基础设施的环境效率一直高于非沿线地区且高于国家平均水平，可能的原因是非沿线地区整体的节能技术水平相对较低和交通运输结构以公路运输为主的地区较多，如河北、山东、河南和四川等地。除此之外，沿线地区中包括中国西部地区甘肃、青海、宁夏和新疆等省区的交通基础设施的环境效率水平较高，因此带动沿线地区整体环境发展良好。西部地区环境效率较高的原因是虽然中国西部地区的经济条件较差和人口规模较小导致对交通基础设施的投入有限，但是其 CO_2 排放量和交通运输业的能源消耗量较其他地区要低得多，因此基于投入产出的中国西部地区的环境效率水平也就相对较高。

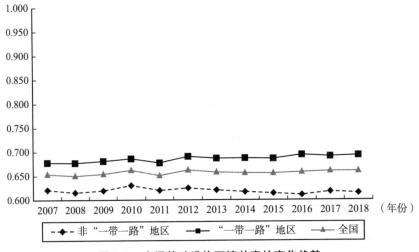

图 3.3　交通基础设施环境效率的变化趋势

在交通基础设施经济与环境联合效率方面，由表 3.3 和图 3.4 可知，在经济效率和环境效率共同作用下，2007～2018 年全国的联合效率总体呈现波动上升趋势，联合效率均值为 0.9，说明全国交通基础设施带来的经济发展与碳排放趋向良性耦合。总体来说，2007～2018 年联合效率的波动趋势与经济效率的基本相同，说明在该时期内经济效率占主导作用。分区域来看，联合效率具有阶段性变化，2007～2012 年非沿线地区的联合效率一直高于沿线地区，但是 2013～2015 年沿线地区的联合效率有所反超。其可能的原因是 2013 年"一带一路"倡议的提出促进了沿线地区交通基础设施的发展从而带动了经济的快速增长，联合效率受经济效率的作用得以提高。除此之外，沿线地区中多个省区市的环境效率一直保持较高水平也对联合效率的提高起到一定作用。2016 ～ 2018 年非沿线地区的联合效率与沿线地区的有所接近，可能的原因是沿线地区的经济和环境发展对周边地区具有溢出效应。综上所述，通过从全国层面和区域层面分别对交通基础设施经济效率，环境效率和联合效率的变化趋势进行分析，"一带一路"倡议可能对沿线地区交通基础设施的经济与环境联合效率提升具有积极促进作用，但具体结论还有待后面验证。

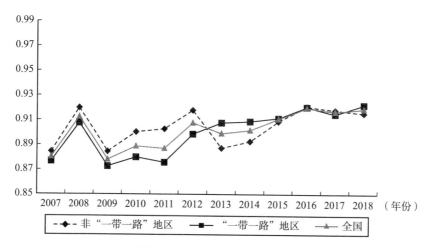

图 3.4 交通基础设施经济与环境联合效率的变化趋势

3.1.4.2 "一带一路"倡议的实施对交通基础设施投资的影响

基于 Stata 15.0 软件进行实证分析。式（3.13）的估计结果如表 3.4 所示，表 3.4 中（1）和（2）列分别是未加入和加入控制变量时的估计结果，可知在未加入控制变量时 *silkroad × post* 系数为正但不显著，但在加入控制变量后 *silkroad × post* 系数在 10% 水平下显著为正，根据是否加入控制变量情况下模型的拟合优度，本章发现加入控制变量的模型解释力度更强。因此"一带一路"倡议的实施对沿线地区交通基础设施投资水平的提升具有积极促进作用，由此假设 H3 - 1 得证。控制变量中的交通运输业发展规模和交通网络密度两个变量对交通基础设施投资水平的提升具有显著促进作用，可能的原因是两者的发展需求都在一定程度上提高了交通基础设施的资本投入水平，从而促进了产出效率的提升；从业人口则具有显著负面作用，可能的原因是现有交通运输业从业人员投入并不能满足其行业发展需要，从而降低了产出效率；另外，交通运输结构、城市化水平和对外开放水平三个变量的作用并不显著，表明其对交通基础设施的投资水平不存在明显影响。

表 3.4   "一带一路"倡议的实施对交通基础设施投资的影响

解释变量	（1）	（2）
$silkroad \times post$	0.023 （0.019）	0.027 * （1.81）
tid		0.057 *** （0.009）
ts		0.015 （0.027）
urb		− 0.011 （0.049）
$open$		− 0.003 （0.024）
$\ln pop$		− 0.135 *** （0.010）
tnd		0.065 *** （0.011）
常数项	0.902 *** （0.006）	2.086 *** （0.075）

续表

解释变量	(1)	(2)
时间固定效应	Yes	Yes
地区固定效应	Yes	Yes
样本数	360	360
R^2	0.017	0.408

注：括号中为标准误差，＊、＊＊和＊＊＊分别表示10%、5%和1%的显著水平。

3.1.5　稳健性检验

上述模型估计结果显示，"一带一路"倡议的实施对沿线地区交通基础设施投资水平的提升具有积极促进作用，为了保证该结果的可信度，有必要进行稳健性检验以排除其他竞争性假说，具体方法包括以下几种。

3.1.5.1　平行趋势检验

采用双重差分法需要满足处理组和对照组变化趋势保持与政策事件发生前一致的假设，以确保式（3.13）DID 模型估计结果无偏，因此本章对 2013 年"一带一路"倡议提出之前的处理组和对照组的变化趋势进行检验。具体通过构建 DID 模型对各年的交互项系数进行比较，构建模型如下：

$$UE_{it} = \beta_0 + \beta_k \sum_{k \geqslant -3}^{3} silkroad_i * year_{2013+k} + \alpha X_{it}$$
$$+ \gamma_t + \mu_i + \varepsilon_{it} \tag{3.14}$$

其中，$year_{2013+k}$ 为年度虚拟变量，当年取 1，其他取 0；其他变量含义与式（3.13）相同。本章通过比较在"一带一路"倡议提出的前后 3 年模型中的交互项系数来检验处理组和对照组的变化趋势是否一致。将结果运用 Stata 软件的 coefplot 命令进行图形绘制，结果如图 3.5 所示。可知 2013 年以前的交互项系数都是在 0 附近波动的负数，并存在不显著性，表明在"一带一路"倡议提出前处理组和对照组具有趋势一致的变化。在 2013 年及之后，交互项系数增大且显著为正，表明处理组的变化趋势相比对照组显著上升,因此样本通过检验。

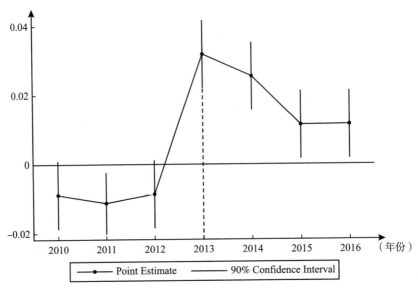

图 3.5 各年的交互项系数

3.1.5.2 安慰剂检验一:反事实检验

为检验估计结果的稳健性,本章通过改变"一带一路"倡议提出的时间进行反事实检验。假设"一带一路"倡议提出的年份提前一至三年,检验是否依然存在对交通基础设施投资水平的显著影响。结果如表 3.5 所示,表 3.4 中(1)~(3)列分别表示"一带一路"倡议提出的年份提前至 2010 年、2011 年和 2012 年的估计结果,其中 $silkroad \times post$ 的系数分别为 0.016,0.018 和 0.022,但统计上均不显著,因此可排除其他政策或随机性因素对交通基础设施投资的影响。

表 3.5 假设"一带一路"倡议的提前对交通基础设施投资的影响

解释变量	(1)	(2)	(3)
$silkroad \times post$	0.016 (0.018)	0.018 (0.016)	0.022 (0.015)

续表

解释变量	（1）	（2）	（3）
常数项	1.860 *** （0.075）	1.949 *** （0.076）	2.092 *** （0.077）
控制变量	Yes	Yes	Yes
时间固定效应	Yes	Yes	Yes
地区固定效应	Yes	Yes	Yes
样本数	360	360	360
R^2	0.332	0.362	0.414

注：括号中为标准误差，* 、** 和 *** 分别表示10%、5%和1%的显著水平。

3.1.5.3 安慰剂检验二：随机抽取实验组

为检验是否会因为遗漏变量导致估计结果存在偏误，本章通过从样本中随机抽取沿线地区对结果进行检验。首先从 30 个地区随机选取其中 17 个作为"一带一路"沿线地区，将其设定为"伪"处理组，而后剩余地区则被自动设定为"伪"对照组，基于此，构建了一个用于稳定性检验的分组虚拟变量 $silkroad_i^{false}$。之后出于相同的稳健性检验目的构建了倡议虚拟变量 $silkroad_i^{false} \times post_t$。鉴于生成"伪"处理组的随机性，稳健性检验的倡议虚拟变量是不会对式（3.13）中的因变量形成显著影响的，其关系呈现为 $\beta_1^{false} = 0$。也可以理解为，如果具有显著性的遗漏变量偏差未发生，β_1^{false} 的估计系数不会显著偏离零点。与之相反，如果 β_1^{false} 的估计系数显著偏离零点则表明模型存在设定偏差。同时我们会对以上处理组的产生过程进行 1 000 次重复以得到回归分析结果，从而有效避免小概率事件对估计结果产生干扰。具体 1 000 次随机生成的处理组估计系数的核密度以及相应的 p 值分布如图 3.6 所示。由此可知估计系数的均值接近于 0，且绝大多数的 p 值大于 0.1。其中，实际估计系数在图中由竖线进行呈现，可见其显然在经过稳健性检验所得到的估计系数中不属于正常值。综上所述，遗漏变量导致的严重偏误在估计结果中并不存在。

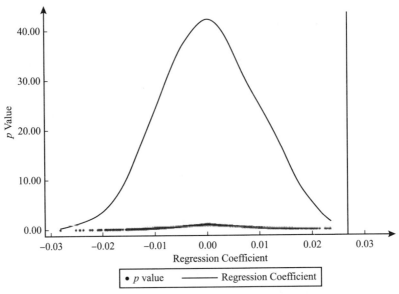

图3.6 随机分配处理组的估计系数和 *p* 值

3.1.6 区域异质性分析

为了进一步考察"一带一路"倡议的实施对交通基础设施投资的影响是否具有区域异质性，本章将各省区市按东、中、西部地区进行划分并进行分组回归。具体结果如表3.6所示，"一带一路"倡议的实施对交通基础设施投资的影响呈现出明显的区域异质性特征，具体表现为该影响在中西部地区存在负向影响，相反却在东部地区存在显著正向影响。可能的原因是不同地区的经济基础和开放环境存在差异，东部地区经济较为发达且对外开放程度比较高，"一带一路"倡议提出后通过大力发展交通基础设施，进一步扩大了东部地区的经济贸易水平，由此"一带一路"倡议的实施对沿线东部地区交通基础设施投资水平的提升具有显著促进作用。相比之下，中西部地区由于经济较为落后且开放程度较低，一方面，"一带一路"倡议提出之后交通基础设施落后得到了很大程度改善但发展水平依然滞后，即使共建"一带一路"为该地区创造出了新的发展机遇，但现有交通基础设施发展水平并不能满足地区经济贸易发展需求，甚至可能还会在一定程度上产生抑制作用;另一方面,即使交通基础设施得到大规模发展之后能够满足地区经济贸易发展需求,但由于交通基础设施投资效应具有滞后性,难以在短期内有效带动地方经济贸易快速发展。由此沿线中西部地区暂时无法通过"一带一路"倡议促进交通基础设施投资水平的提升。

表 3.6   "一带一路"倡议的实施影响交通基础设施投资的区域差异

指标	东部地区	中部地区	西部地区
silkroad × *post*	0.062 ** (0.024)	− 0.034 (0.024)	− 0.015 (0.019)
常数项	2.001 *** (0.129)	1.890 *** (0.271)	2.157 *** (0.074)
控制变量	Yes	Yes	Yes
时间固定效应	Yes	Yes	Yes
地区固定效应	Yes	Yes	Yes
样本数	132	96	132
R^2	0.534	0.513	0.766

注:括号中为标准误差, * 、 ** 和 *** 分别表示10% 、5% 和1% 的显著水平。

3.2   "一带一路"倡议的实施对产业结构转型升级产生的影响

3.2.1   研究假设

当前我国经济发展面临生态失衡、资源枯竭、产能过剩、供给低效以及传统产业经济增速放缓的现实窘境,而我国产业结构转型升级也正经历着艰难的阵痛过渡期[224]。在此背景下,习近平总书记提出了共建"一带一路"倡议,目的是通过深化与沿线国家在各领域的交流合作实现共同繁荣发展,也希望通过深入推进"走出去"和"引进来"战略,在供给层面对我国产业转型升级问题进行解锁,最终实现在新常态下我国经济仍能继续保持平稳增长的目标[136]。具体来说,"一带一路"倡议的提出能够有效解决市场需求不足和产能过剩问题,而有效的市场需求正是产业结构转型升级的必要条件[225];沿线国家的资源禀赋具有较大差异,彼此间具有较强的经济互补性,各国加强贸易往来能够促进资源要素的转移流动,而资源要素的重组与优化会对产业结构的合理调整产生重要影响[226];"一带一路"倡议的提出有助于我国企业为获得市场竞争优势加大技术研发投入,并且也有利于我国企业引进国外先进技术、设备和管理经验以增强自身实力,而依赖于内部创新和国外先进技术引进的技术创新都可以对产业结构升级产生驱动[227]。综上所述,本章提出研究假设 H3 - 2:

H3 - 2:"一带一路"倡议的实施对沿线产业结构转型升级具有积极促进作用。

3.2.2 双重差分模型

3.2.2.1 模型设定

为考察"一带一路"倡议的实施对产业结构转型升级的影响,并排除可能存在影响产业结构转型升级的其他政策或因素,同样采用双重差分法进行考察。以"一带一路"倡议的提出作为准自然实验,选取沿线地区为处理组,非沿线地区为对照组。构建模型如下:

$$Ins_{it} = \beta_0 + \beta_1 silkroad_i \times post_t + \beta_2 X_{it} + \gamma_t + \mu_i + \varepsilon_{it} \qquad (3.15)$$

其中,Ins_{it} 为地区 i 第 t 年的产业结构转型升级情况,本章具体从产业结构高度化水平和产业结构合理化水平两个维度进行衡量;$silkroad_i$ 为分组虚拟变量,用来判断地区 i 是否为"一带一路"沿线地区;$post_t$ 为分期虚拟变量，用来判断第 t 年 "一带一路" 倡议是否被提出；$silkroad_i \times post_t$ 为倡议虚拟变量，用分组与分期虚拟变量的交互项来表示；X_{it} 为控制变量；γ_t 为时间固定效应；μ_i 为地区固定效应；ε_{it} 为随机误差项。

3.2.2.2 变量选取和数据来源

本章收集了除西藏、港澳台地区外的全国 30 个省区市 2007～2018 年的面板数据。各变量的具体选取情况及数据来源如下。

被解释变量（Ins_{it}）：基于动态视角，产业结构高度化和产业结构合理化是一个经济体历经产业结构变迁所不能忽略的两个方面，因此本章分别以这两个维度作为被解释变量进行实证分析。产业结构高度化（$Upgrade_{it}$）是指对产业结构升级进行的衡量，具体是指产业结构由低端向中高端水平的发展，表现为第一产业向第二、第三产业的过渡，劳动和资本密集型产业向知识和技术密集型产业的演进，以及低附加值产业向高附加值产业的转变。现有文献对产业结构高度化水平的量化值主要采用非农业部门产值所与国民经济总产值的比值、产业结构相似系数法、第三产业产值与第二产业产值的比值、moore 结构变动指数和产业结构层次法等进行衡量。本章具体采用第三产业产值和第二产业产值的比值对产业结构高度化进行表示。计算所需数据来源于全国和各省区市《统计年鉴》。产业结构合理化（$Ration_{it}$）指对三大产业间的关联性与协调性进行的衡量，具体是指依托现阶段具有的资源与技术水平，资源要素能够得到有效配置，三次产业间能够实现协调发展，以及经济投入能够具有较高产出效率的过程。现有文献对衡量产业结构合理化水平的主要方法是产业结构偏离度和泰尔指数这两种方法。本章选择泰尔指数对产业结构合理化进行计算，参照干春晖等处理方法，具体计算公式为：$Ration_{it} = \sum_{m=1}^{3} \frac{Y_{mit}}{Y_{it}} \ln\left(\frac{Y_{mit}}{L_{mit}} \Big/ \frac{Y_{it}}{L_{it}}\right)$。其中，$Y_{mit}$ 和 L_{mit} 分别为 i 地区第 m 产业第 t 年的产值和从业人员。泰尔指数能够反映出三大产业的产业结构是否存在与劳动力就业结构的协调发展关系，若指数为 0，表明地区产业结构呈现均衡水平；反之，表明地区产业结构与均衡状态相比有所偏离，即产业结构不合理。计算所需数据来源于中国和各省区市《统计年鉴》。

解释变量（$silkroad_i \times post_t$）：本章选取分组与分期虚拟变量的交互项作为核心解释变量。$silkroad_i$ 为判断地区 i 是否为沿线地区的虚拟变量，如果地区 i 是沿线地区将该变量设定为 1，否则为 0；$post_t$ 为判断在第 t 年时"一带一路"倡议是否被提出的虚拟变量，由于"一带一路"倡议是在 2013 年提出的，因此将 2013 年及之后年份的该变量设定为 1，将之前年份的设定为 0。

控制变量（X_{it}）包括：经济发展水平（$pgdp$）用人均 GDP 表示，为剔除价格因素的影响本章采用地区生产总值指数将其调整为以 2007 年为基期的不变价格数据；城市化水平（urb）用各地区非农业人口与总人口的比值表示；技术创新（$tech$）用各地区研究与试验发展（R&D）经费支出与其生产总值的比值表示；金融发展水平（fid）用金融机构人民币存贷款余额与 GDP 的比值表示；信息化水平（inf）用邮电业务总量与 GDP 的比值表示；交通便利程度（tc）用人均公路货运量表示。为削弱数据的异方差性将变量 $pgdp$ 和 tc 取自然对数后纳入模型。控制变量中 $pgdp$、$tech$、inf 和 tc 的数据来源于《中国统计年鉴》；fid 的数据来源于各地区《统计年鉴》；urb 的数据来源于《中国人口和就业统计年鉴》。

3.2.3 实证结果与分析

3.2.3.1 产业结构转型升级状况

基于产业结构转型升级两个维度的计算结果，同时为了解"一带一路"倡议提出前后全国和区域层面的产业结构高度化水平和产业结构合理化水平的具体变化情况，本章分别对两者的时间变化趋势进行分析。在产业结构高度化水平方面，由图 3.7 可知，2007～2018 年全国的产业结构高度化水平均值总体呈现上升趋势，但存在阶段性变化。其中 2007～

2012 年产业结构高度化水平均值基本保持了平稳态势，可能的原因是改革开放以来我国先是重点发展以工业为核心的第二产业，实施以第二产业为主导并且协调第一、第三产业发展的产业结构政策，相关政策在产业发展过程中保持了较强的延续性和有效性，使第二产业尤其是工业长期作为我国国民经济发展的重要支柱，这可以从图 3.8 关于我国改革开放之后三次产业占 GDP 比重的变化趋势中得以看出，1978～2012 年第一产业增加值占 GDP 比重从 27.7% 持续下降至 9.1%，第二产业增加值占 GDP 比重虽在这一时期略有波动但每年仍保持在 40% 以上，第三产业增加值占 GDP 比重从 24.6% 持续上升至 45.5%，第二产业在这一时期对国民经济发展的总体贡献最大。究其深层原因，这一时期我国主要经历了两个时期，第一个时期是改革开放初期（1979～1991 年），党的十一届三中全会之后开始对中国特色工业发展新道路进行积极探索，为了解决人民对物质生活用品等需求水平的日益提高与相关产业生产水平滞后之间存在的矛盾，这一时期国家对轻重工业之间的比重加以调整，明确对轻工业实施优先发展战略；第二个时期是全面改革时期（1992～2012 年），这一时期基于国家产业政策支持和市场机制的调节作用，建筑业、化工业、电子机械和汽车制造成为我国经济发展的支柱产业，综合上述两个时期发展使第二产业长期处于产业结构发展的主体地位，具体第二产业增加值占 GDP 比重的稳定状态也促使了产业结构高度化保持一定平稳发展。但 2013 年之后产业结构高度化水平均值出现明显上升趋势，可能的原因是 2013 年前后我国经济发展步入"新常态"，产业发展条件和环境发生了深刻变化，产业结构也产生了重大调整，实现了主导产业从第二产业向第三产业的转变，这可以从图 3.8 关于我国改革开放之后三次产业占 GDP 比重产生的结构变化中得以看出，2012 年第三产业增加值占 GDP 的比重历史上第一次超过第二产业比重，之后 2013～2018 年我国三次产业结构比例从 8.9∶44.2∶46.9 调整为 7∶39.7∶53.3，第三产业成为经济增长的核心贡献力量。探究产业结构高度化发展即产业结构升级的深层原因，主要是受到需求侧和供给侧两个方面的影响，其中需求侧存在的影响因素是指投资、消费和净出口产生的需求变化，三者影响产业结构升级的内在机理是指通过积极引进外资以促进我国生产技术和生产效率的提高、促进消费升级以拉动第三产业发展、推动资本和技术密集型产品出口以升级出口商品结构来实现产业结构高度化发展；供给侧存在的影响因素是指资本、劳动力、土地和技术等生产要素的供给，这些生产要素通过市场进行有效的资源配置之后有利于全要素生产率的提高，从而成为产业结构高度化发展的积极推动力量。分区域来看，非沿线地区和沿线地区的产业结构高度化水平均值总体趋势与全国的相近，但是 2013 年之前非沿线地区的产业结构高度化水平均值高于沿线地区且差距较为稳定，主要因为非沿线地区包括我国东部地区多个省份，东部地区已经形成了能够融入全球价值链具有外向型特征的产业集群，有能力发展出口导向型产业以应对全球市场竞争，具体产业集群主要倾向于发展加工业、高新技术产业和服务业等。值得注意的是，在 2013 年之后沿线地区产业结构高度化水平均值与非沿线地区变得非常接近，而且沿线地区甚至出现了反超，很可能的原因是"一带一路"倡议的提出为沿线地区产业结构高度化创造了发展机遇，但具体结论还有待后面验证。

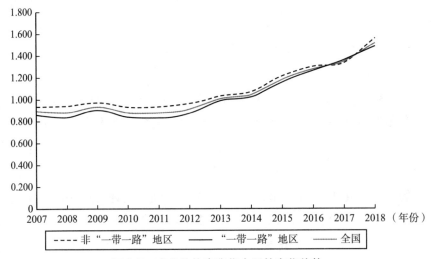

图 3.7　产业结构高度化水平的变化趋势

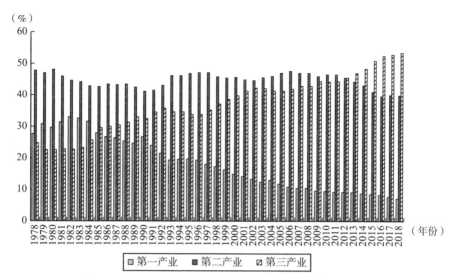

图 3.8　改革开放之后三次产业占 GDP 比重的变化趋势

注：图中数据来源于国家统计局官网。

在产业结构合理化水平方面，由图 3.9 可知，2007～2018 年全国的产业结构合理化水平均值总体呈现波动上升趋势。其可能的原因是改革开放之后国家为了国民经济能够实现均衡协调发展，进行了一系列重大策略调整使产业结构失衡问题逐步得到缓解，具体来说，到 20 世纪 80 年代末之前，国家为探索中国特色工业化发展新道路提出要优先发展轻工业的战略举措，走轻重工业并举的均衡发展道路，这一时期着力对产业发展向重工业严重倾斜且对轻工业重视不够等产业结构比例严重失调问题进行了重点调整；1992 年，国家提出要建立社会主义市场经济体制，自此之后我国开放力度不断加大，通过积极吸引外国资本投资、引进国外先进技术、发展出口导向型产品等具体措施促使产业结构不断合理优化，具体加工工业所占比重得到下降而技术密集型产业所占比重有所上升，此外，同年国务院发布的《关于加快发展第三产业的决定》，标志着将第三产业发展放在了国家经济发展全局的战略高度；2005 年，国家发展改革委首次发布了《产业结构调整指导目录》，之后为不断适应产业发展环境所产生的内外部变化又经过了多次调整修订，目的都是实现产业间的协调发展；党的十八大之后，我国进入深化改革时期，在市场机制联合产业政策的共同作用下产业结构正在向着更加复杂、合理和高级的阶段进行演化。经过上述等一系列举措对产业结构比例失衡进行的调整，三次产业内部结构日趋合理，新产业也展现出强劲的发展活力。分区域来看，非沿线地区和沿线地区的产业结构合理化均值发展趋势与全国的相近。但是非沿线地区的产业结构合理化水平均值一直高于沿线地区且高于国家平均水平，可能的原因是非沿线地区主要包括东部地区和中部地区大部分省市，东部地区由于较早开展对产业结构的调整和优化，因而产业发展要更加完善，从图 3.10 中可以看出，东部地区的产业结构合理化水平在数值上是所有地区中最接近于 0 的，表明东部地区各产业之间不仅市场引导资本流入促使资源配置相对合理，而且协调发展程度较高，另外，东部地区发展更为成熟的第二产业同时也会为第三产业的进一步发展奠定良好基础，这都有利于地区产业结构合理化发展。反观沿线地区主要包括的西部绝大多数省区市在产业

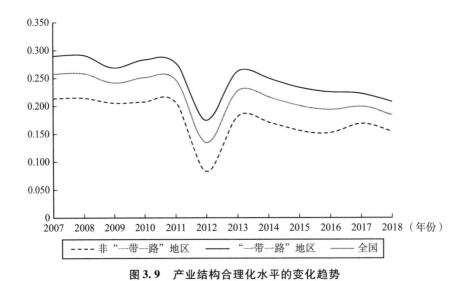

图 3.9 产业结构合理化水平的变化趋势

注：由于本书采用泰尔指数计算的产业结构合理化水平为逆向指标，因此计算指数越接近于 0 越能表明产业结构合理化水平较高，反之则表明产业结构合理化水平较低。

发展阶段还落后于东部地区，在没有合理的产业结构作为地区产业发展的前提下，依靠地方财政投资等行政手段刻意强调第三产业发展不仅会阻碍工业与服务业之间产生的良好互动，而且还会降低对资源的有效配置从而不利于地区产业结构合理化发展。

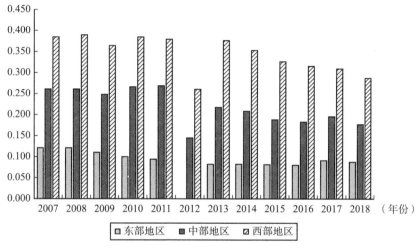

图 3.10 三大地区产业结构合理化水平

3.2.3.2 "一带一路"倡议的实施对产业结构转型升级的影响

基于 Stata 15.0 软件进行实证分析。式（3.15）的估计结果如表 3.7 所示，表 3.7 中（1）和（2）列分别是以产业结构高度化为被解释变量时未加入和加入控制变量的估计结果，可知在未加入控制变量时 $silkroad \times post$ 系数为正但不显著，但在加入控制变量后 $silkroad \times post$ 系数显著为正，根据是否加入控制变量情况下模型的拟合优度，本章发现加入控制变量的模型解释力度更强。因此也可以表明"一带一路"倡议的实施对产业结构高度化具有积极推动作用。控制变量经济发展水平、城市化水平、技术创新、金融发展水平、信息化水平和交通便利程度都对"一带一路"倡议推动产业结构高度化具有显著促进作用。（3）和（4）列分别是以产业结构合理化为被解释变量时未加入和加入控制变量的估计结果，可知无论是否加入控制变量, $silkroad \times post$ 系数为正但均不显著, 由于泰尔指数为逆向指标, 表明"一带一路"倡议的实施对产业结构合理化没有显著促进作用, 可能的原因是"一带一路"倡议仍然处于实施初期, 各地区还未明晰产业未来的发展目标, 未在优化资源配置过程中充分注重地区产业与要素禀赋的协调耦合, 并未充分考虑地区产业之间的关联性与互补性, 以致未能在沿线地区形成产业间协调发展和产业结构的合理布局。控制变量对"一带一路"倡议推动产业结构合理化的影响, 其中城市化水平具有显著促进作用, 经济发展水平具有正向影响但不显著, 技术创新、金融发展水平和交通便利程度具有显著负向影响, 信息化水平具有负向影响但不显著。综上所述, 假设 H3 - 2 未完全得以证实, 但"一带一路"倡议的实施可以通过提高产业结构高度化水平对产业结构转型升级产生显著促进作用。

表 3. 7   "一带一路"倡议的实施对产业结构转型升级的影响

被解释变量 / 解释变量	*Upgrade*		*Ration*	
	(1)	(2)	(3)	(4)
$silkroad \times post$	0.050 (0.37)	0.130 * (1.72)	0.019 (0.47)	0.012 (0.30)
ln$pgdp$		- 0.496 *** (- 4.93)		- 0.021 (- 0.33)
urb		2.065 *** (4.29)		- 0.738 *** (- 5.07)
$tech$		0.271 *** (4.61)		0.030 * (1.86)
fid		0.074 *** (3.46)		0.016 *** (2.55)
inf		2.852 *** (3.66)		0.540 (1.29)

续表

被解释变量 解释变量	Upgrade		Ration	
	(1)	(2)	(3)	(4)
ln*tc*		−0.329*** (−5.55)		0.047*** (2.48)
常数项	0.945*** (12.41)	4.981*** (5.53)	0.189*** (9.42)	0.523 (0.84)
时间固定效应	Yes	Yes	Yes	Yes
地区固定效应	Yes	Yes	Yes	Yes
样本数	360	360	360	360
R²	0.079	0.655	0.042	0.207

注：括号中数值为 *t* 统计量，*、** 和 *** 分别表示10%、5%和1%的显著水平。

3.2.4 稳健性检验

上述模型估计结果显示，"一带一路"倡议的实施可以通过提高产业结构高度化水平对产业结构转型升级产生显著促进作用，为了保证该结果的可信度，有必要进行稳健性检验以排除其他竞争性假说，具体方法包括以下几种。

3.2.4.1 平行趋势检验

采用双重差分法需要满足在政策事件发生前处理组和对照组的变化趋势一致的假设，由于"一带一路"倡议的实施对产业结构合理化没有显著促进作用，因此本章只对"一带一路"倡议的产业结构高度化推动效应进行平行趋势检验。具体对 2013 年"一带一路"倡议提出之前的处理组和对照组的变化趋势进行检验。具体通过构建 DID 模型对各年的交互项系数进行比较，构建模型如下：

$$Upgrade_{it} = \beta_0 + \beta_k \sum_{k \geqslant -3}^{3} silkroad_i \times year_{2013+k} + \alpha X_{it} + \gamma_t + \mu_i + \varepsilon_{it}$$

$$(3.16)$$

其中，$year_{2013+k}$ 为年度虚拟变量，当年的观测值取 1，其他年份的取 0；其他变量含义与式（3.15）相同。本章通过比较在"一带一路"倡议提出的前后 3 年模型中的交互项系数来检验处理组和对照组的变化趋势是否一致。将结果运用 Stata 软件的 coefplot 命令进行图形绘制，结果如图 3.11 所示。可知 2013 年以前的交互项系数都是在 0 附近波动的负数，并存在不显著性，表明在"一带一路"倡议提出前处理组和对照组的变化趋势是一致的。而 2013 年及之后，交互项系数增大且显著为正，表明处理组的变化趋势相比对照组显著上升。因此样本通过检验。

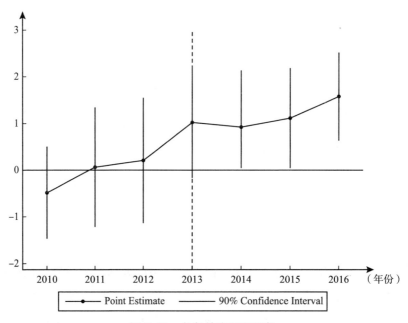

图 3.11　各年的交互项系数

3.2.4.2　安慰剂检验一：反事实检验

为检验估计结果的稳健性，本章通过改变"一带一路"倡议提出的时间进行反事实检验。本章只对"一带一路"倡议的产业结构高度化推动效应进行反事实检验，具体假设"一带一路"倡议提出的年份提前 1～3

年，检验是否依然存在对产业结构高度化的显著影响。结果如表 3.8 所示，表 3.8 中（1）~（3）列分别表示"一带一路"倡议提出的年份提前至 2010 年、2011 年和 2012 年的估计结果，其中 $silkroad \times post$ 的系数分别为 0.118、0.135 和 0.128，但统计上均不显著，因此可排除其他政策或随机性因素对产业结构高度化的影响。

表 3.8　　假设"一带一路"倡议的提前对产业结构高度化的影响

解释变量	（1）	（2）	（3）
$silkroad \times post$	0.118 (1.58)	0.135 (1.92)	0.128 (1.76)
常数项	6.147 *** (7.22)	4.366 *** (4.74)	4.840 *** (5.35)
控制变量	Yes	Yes	Yes
时间固定效应	Yes	Yes	Yes
地区固定效应	Yes	Yes	Yes
样本数	360	360	360
R^2	0.6366	0.6663	0.6570

注：括号中数值为 t 统计量，*、** 和 *** 分别表示 10%、5% 和 1% 的显著水平。

3.2.4.3　安慰剂检验二：随机抽取实验组

为进一步检验是否会因为遗漏变量导致估计结果存在偏误，本章通过从样本中随机抽取沿线地区对结果进行检验。本章只对"一带一路"倡议的产业结构高度化推动效应进行随机选取实验组检验，首先从 30 个地区随机选取其中 17 个作为"一带一路"沿线地区，将其设定为"伪"处理组，而后剩余地区则被自动设定为"伪"对照组，基于此，构建了一个用于稳定性检验的分组虚拟变量 $silkroad_i^{false}$。之后出于相同的稳健性检验目的构建了倡议虚拟变量 $silkroad_i^{false} \times post_t$。鉴于生成"伪"处理组的随机性，稳健性检验的倡议虚拟变量是不会对式（3.15）中的因变量形成显著影响的，其关系呈现为$\beta_1^{false}=0$。也可以理解为如果具有显著性的遗漏变量偏差未发生，β_1^{false}的估计系数不会显著偏离零点。与之相反，如果β_1^{false}的估计系数显著偏离零点则表明模型存在设定偏差。同时我们会对以上处理组的产生过程进行 1 000 次重复以得到回归分析结果，从而有效避免小概率事件对估计结果产生干扰。具体 1 000 次随机生成的处理组估计系数的核密度以及相应的 P 值分布如图 3.12 所示。可知估计系数的均值接近于 0，且绝大多数的 P 值大于 0.1。其中，实际估计系数在图中由竖线进行呈现，可见其显然在经过稳健性检验所得到的估计系数中不属于正常值。综上所述，遗漏变量导致的严重偏误在估计结果中并不存在。

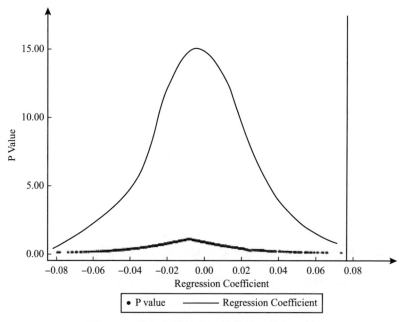

图 3.12　随机分配处理组的估计系数和 P 值

3.2.5　区域异质性分析

为了考察"一带一路"倡议的实施对沿线不同地区产业结构转型升级的影响差异，本章将各省区市按东、中、西部地区进行划分并进行分组回归。具体结果如表3.9所示，"一带一路"倡议的实施对产业结构转型升级的影响呈现出明显的区域异质性特征，具体地，"一带一路"倡议的实施对沿线中部地区产业结构转型升级具有积极推动作用，即同时促进了产业结构在高度化和合理化两个维度的发展。"一带一路"倡议的实施能够积极促进沿线西部地区的产业结构高度化发展，但却对该地区的产业结构合理化发展不存在显著促进作用。"一带一路"倡议的实施对沿线东部地区的产业结构高度化和合理化水平的提升都没有显著促进作用。其可能的原因是：第一，过去中西部地区，尤其是西部地区具有自然资源禀赋优势，主要发展资源型与能源型产业，而单一产业的发展并不能实现产业结构升级。虽然国家为调整全局产业布局大力推动东部地区产业大规模向中西部地区进行迁移，但由于没有为产业集聚创造有利条件，资本和技术密集型产业仍然主要集中在东部地区，而中西部地区产业结构调整甚微。而"一带一路"倡议的实施通过形成丝绸之路经济带的本地市场效应，努力提升中西部地区的区位优势；通过重点建设沿线地区交通基础设施，有效降低运输成本；通过制定各项政策和措施，大力推动沿线地区间贸易自由化等为中西部地区产业集聚创造有利条件。由此"一带一路"倡议能够有效推进中西部地区承接东部地区的产业迁移，而且迁移主体主要为中高端产业，如车辆工程、装备制造、电子信息和新能源等资本和技术密集型产业，实现了低附加值产业向高附加值产业的转变，产业结构得到有效升级。因此，"一带一路"倡议对沿线中西部地区产业结构高度化水平的提高具有积极促进作用。第二，中部地区虽然不是"一带一路"建设的重点区域，但是地处我国内陆腹地，在历史文化、地理位置、交通基础设施、资源储备、经济基础和发展潜力等方面具有较强优势，"一带一路"倡议需要利用中部地区的优势推动区域间互动合作和产业集聚发展。同时"一带一路"倡议也为中部地区对外开放搭建了一个新的各领域交流合作平台，中部地区也依托长江中游城市群、中原城市群等重点区域，以及拥有的中国（合肥）、中国（郑州）等跨境电子商务综合试验区和中国（湖北）、中国（河南）两大自贸区逐步实现地区资源要素合理配置和产业之间协调发展。因此"一带一路"倡议对沿线中部地区产业结构合理化水平的提高具有积极促进作用。西部地区由于发展基础较为薄弱,因此"一带一路"倡议提出后西部地区在产业结构合理化方面还具有较大的提升潜力。第三,我国经济总体保持持续快速增长的同时,区域发展却呈现出严重的不平衡,中西部地区发展不充分问题十分突出。东部地区区位优势明显、经济基础雄厚和较高的对外开放水平等都有利于该地区率先实现资本和技术密集型产业集聚促进产业结构的优化升级,以及产业链的合理分工和布局促进资源要素的合理配置及产业间协调发展。可见中西部地区与东部地区相比产业结构还有较大调整空间,因此"一带一路"倡议对中西部地区产业结构的影响更加显著,而对东部地区产业结构却存在非显著影响,这在一定程度上有助于平衡东中西部产业发展的区域差异。

表3.9　"一带一路"倡议的实施影响产业结构转型升级的区域差异

解释变量	Upgrade			Ration		
	东部	中部	西部	东部	中部	西部
$silkroad \times post$	0.026 (0.23)	0.378 ** (2.59)	0.226 ** (2.08)	−0.092 (−0.96)	−0.071 *** (−2.81)	−0.011 (−0.09)
常数项	14.821 *** (7.02)	−2.352 (−0.49)	8.452 *** (4.99)	1.128 (0.88)	−2.130 *** (−3.75)	0.962 (0.92)
控制变量	Yes	Yes	Yes	Yes	Yes	Yes
时间固定效应	Yes	Yes	Yes	Yes	Yes	Yes
地区固定效应	Yes	Yes	Yes	Yes	Yes	Yes
样本数	132	96	132	132	96	132
R^2	0.885	0.450	0.390	0.145	0.581	0.102

注:括号中数值为 t 统计量,*、** 和 *** 分别表示10%、5%和1%的显著水平。

3.3 本章小结

本章主要是从理论分析和实证检验的角度考察"一带一路"倡议的实施分别对交通基础设施投资和产业结构转型升级产生的影响以评价"一带一路"倡议对两者的相关实施成效，主要目的是为本书后续研究奠定重要的政策基础。本章在分析"一带一路"倡议的实施对交通基础设施投资的影响时，是基于 2007~2018 年全国样本数据对其进行实证考察。实证过程中，首先构建了 RAM 评价指标用于测度衡量交通基础设施投资水平的交通基础设施经济与环境联合效率，研究发现：从全国来看，虽然我国交通基础设施发展所取得的经济效益要大于环境效益，但所带来的经济发展与碳排放总体趋向良性耦合；分区域来看，非沿线地区的交通基础设施发展取得了较好的经济效益，沿线地区的交通基础设施发展带来较少的环境污染；从兼顾经济发展与环境保护的情况来看，非沿线地区的交通基础设施发展取得了较好的成绩，而沿线地区相对落后但具有追赶势头，特别值得注意的是，在 2013 年之前非沿线地区的经济与环境联合效率一直高于沿线地区，但 2013 年之后沿线地区有所反超，因此"一带一路"倡议的实施可能对沿线地区交通基础设施经济与环境联合效率即交通基础设施投资水平的提升具有促进作用。另外，构建了 DID 模型用于分析"一带一路"倡议的实施对交通基础设施投资的影响。本研究发现，"一带一路"倡议的实施显著促进了我国沿线地区交通基础设施投资水平的提升，书中也通过一系列稳健性检验证明了实证结果的可靠性。进一步通过异质性分析发现，"一带一路"倡议的实施对提升沿线东部地区交通基础设施投资水平具有显著促进作用，而对沿线中西部地区则是呈现出负面作用。

本章在分析"一带一路"倡议的实施对产业结构转型升级的影响时，同样是基于 2007~2018 年全国样本数据，通过构建 DID 模型对其进行实证考察。研究发现："一带一路"倡议的实施对产业结构高度化水平的提高具有显著促进作用，但却没有显著促进产业结构合理化水平的提升，可知当前"一带一路"倡议的实施主要通过提高产业结构高度化水平对产业结构转型升级产生显著促进作用。书中也通过一系列稳健性检验证明了实证结果的可靠性。进一步通过区域异质性分析发现，"一带一路"倡议的实施对产业结构转型升级的影响呈现出明显的区域异质性特征，具体地，"一带一路"倡议的实施对沿线中部地区产业结构转型升级具有积极推动作用，不仅促进了产业结构高度化水平的提高，而且促进了产业结构合理化水平的提升。"一带一路"倡议的实施对沿线西部地区产业结构高度化水平的提高具有积极促进作用，而对该地区产业结构合理化水平的提升没有显著促进作用。"一带一路"倡议的实施对沿线东部地区的产业结构高度化和合理化水平的提升都没有显著促进作用。综上所述，"一带一路"倡议在一定程度上对交通基础设施投资水平的提升和产业结构转型升级都具有积极促进作用，因此本书后续对交通基础设施投资和产业结构转型升级的互动机制进行讨论时并不能忽视"一带一路"倡议实施的政策背景。

第 4 章

交通基础设施投资和产业结构 转型升级的互动关系分析

基于相关研究需要，第 3 章内容已对交通基础设施投资水平的内在含义和测度模型、产业结构转型升级的内在含义和衡量方法进行过详细介绍，因此本章将在此基础之上利用计量分析模型从动态角度对交通基础设施投资与产业结构转型升级之间在短期和长期的互动关系进行讨论，并对两者之间的相互作用趋势进行深入分析。本章研究所得具体结论将为后续进行交通基础设施投资和产业结构转型升级之间互动机制研究形成铺垫。

4.1 面板向量自回归模型设定

为了探究交通基础设施投资与产业结构转型升级之间是否存在互动关系，本章通过构建面板向量自回归模型（panel vector auto-regression model，PVAR 模型）进行实证考察。PVAR 模型最早由霍兹 – 伊金等（Holtz – Eakin et al.）提出，之后又经过一些学者（Pesaran and Smith、Binder et al.、Love and Zicchino）等人不断修正，现已成为一种检验变量之间是否存在相互动态作用关系的成熟分析工具。该模型是基于向量自回归模型（vector auto-regression model，VAR 模型）的扩展，实现了面板数据估计方法和传统 VAR 模型的有机结合。VAR 模型并不是以经济理论作为基础去事先探究变量间的内在逻辑关系，而是基于数据的统计性质对变量间的联动反应进行拟合和预测，且系统内所有变量考虑其滞后项有效解决了变量内生性问题导致的估计偏误，PVAR 模型不仅兼具了 VAR 模型的优势，而且在一定程度上降低了 VAR 模型对时间序列数据在长度方面的限制，能够准确描述不同样本单元异质性对模型参数的影响[232,233]。构建模型如下：

$$y_{it} = \beta_0 + \sum_{j=1}^{p} \beta_j y_{it-j} + \gamma_i + \theta_t + \varepsilon_{it} \tag{4.1}$$

其中，i、t 和 j 分别为地区、年份和模型的滞后阶数；y_{it} 为包含交通基础设施投资（UE）和产业结构转型升级两个内生变量的列向量，由于本书中产业结构转型升级从产业结构高度化水平（$Upgrade$）和产业结构合理化水平（$Ration$）两个维度进行衡量，因此该列向量可表示为（UE_{it}，$Upgrade_{it}$，$Ration_{it}$）^{T}；β_0 为截距项；β_j 为内生变量滞后项的回归系数矩阵；γ_i 为地区效应；θ_t 为时间效应；ε_{it} 为"白噪声"扰动项。

4.2　变量选取和数据来源

以上模型中涉及的变量包括交通基础设施投资水平和产业结构转型升级的两个维度变量，即产业结构高度化水平和产业结构合理化水平。

（1）交通基础设施投资（UE）。

本章是运用交通基础设施投资同经济与环境综合发展之间的投入产出比，即运用交通基础设施的经济与环境联合效率对交通基础设施投资水平进行测度，通过选择 RAM 模型并采用 MAXDEA 软件予以实现，由于 RAM 模型公式已在第 3 章中进行过详细介绍，本章只对该模型中涉及的指标及数据来源进行简单回顾。关于指标选取，具体以劳动力、资本存量和能源消耗作为投入指标，以交通运输业发展所带来的期望产出和非期望产出作为产出指标。关于数据来源，相关指标在处理过程中所需数据的来源已在第 3 章中进行过详细介绍，此处不再赘述，具体数据收集了除西藏、港澳台地区外的全国 30 个省区市 2007~2018 年的面板数据。

（2）产业结构高度化水平（Upgrade）。

基于动态视角，产业结构高度化和产业结构合理化是一个经济体历经产业结构变迁所不能忽略的两个方面，因此本章分别以这两个维度作为被解释变量进行实证分析。产业结构高度化是指对产业结构升级进行的衡量，具体是指产业结构由低端向中高端水平的发展，表现为第一产业向第二产业、第三产业的过渡，劳动和资本密集型产业向知识和技术密集型产业的演进，以及低附加值产业向高附加值产业的转变。现有文献对产业结构高度化水平的量化值主要采用非农业部门产值与国民经济总产值的比值、产业结构相似系数法、第三产业产值与第二产业产值的比值、moore 结构变动指数和产业结构层次法等进行衡量。本章具体采用第三产业产值和第二产业产值的比值对产业结构高度化进行表示。计算所需数据来源于中国和各省区市《统计年鉴》，具体收集了除西藏、港澳台地区外的全国 30 个省区市 2007~2018 年的面板数据。

（3）产业结构合理化水平（Ration）。

产业结构合理化指对三大产业间的关联性与协调性进行的衡量，具体是指依托现阶段具有的资源与技术水平，资源要素能够得到有效配置，三次产业间能够实现协调发展，以及经济投入能够具有较高产出效率的过程。现有文献对衡量产业结构合理化水平的主要方法是产业结构偏离度和泰尔指数这两种方法。本章从中选择泰尔指数对产业结构合理化进行计算，参照丁春晖等处理方法，具体计算公式为：

$$Ration_{it} = \sum_{m=1}^{3} \frac{Y_{mit}}{Y_{it}} \ln\left(\frac{Y_{mit}}{L_{mit}} \Big/ \frac{Y_{it}}{L_{it}}\right)$$

其中，Y_{mit} 和 L_{mit} 分别为 i 地区第 m 产业第 t 年的产值和从业人员。泰尔指数能够反映出三大产业的产业结构是否存在与劳动力就业结构的协调发展关系，若指数为 0，表明地区产业结构呈现均衡水平；反之则表明地区产业结构与均衡状态相比有所偏离，即产业结构不合理。计算所需数据来源于中国和各省区市《统计年鉴》，具体收集了除西藏、港澳台地区外的全国 30 个省区市 2007~2018 年的面板数据。另外，考虑采用泰尔指数计算的产业结构合理化水平为逆向指标，为了便于分析，本章采用极差变换法将产业结构合理化水平进行逆向指标正向化处理。

4.3 实证结果与分析

本章在探究全国样本下交通基础设施投资、产业结构高度化水平和产业结构合理化水平之间互动关系的同时，考虑到结果可能出现区域异质性的情况，因此本章也将各省区市按东、中、西部地区进行划分，对实证结果进行分区域讨论。具体运用 Stata 15.0 软件并采用连玉君 PVAR2 的 Stata 程序进行实证分析。

4.3.1 面板单位根检验和协整检验

在对构建的 PVAR 模型进行回归估计之前，为检验面板数据是否明显具有时间相关性，即检验数据是否平稳，有必要先对各变量进行面板单位根检验，以防止虚假回归以及之后脉冲响应和方差分解的结果失真而不能描述变量之间真实的逻辑关系。现有关于面板单位根检验的方法主要分为两大类：一类是以 LLC、Hadri 和 Breitung 为主的同质单位根检验；另一类是以 IPS、Fisher – ADF 和 Fisher – PP 为主的异质单位根检验[234]。基于检验方法的适用性和结果的稳健性考虑，本章最终选择 LLC 检验和 IPS 检验对数据进行平稳性检验。具体面板单位根检验结果如表 4.1 所示。结果发现，在全国样本、东部样本和西部样本下，由于变量 *Upgrade* 在 10% 显著水平下接受存在单位根的原假设，因此该变量在三个样本下均为非平稳序列。在中部样本下，由于变量 *UE* 和 *Upgrade* 都在 10% 显著水平下接受存在单位根的原假设，因此这两个变量为非平稳序列。在对所有地区样本非平稳变量的一阶差分变量进行单位根检验后，所有变量均在 10% 的显著水平下拒绝原假设为平稳序列，因此使用所有非平稳变量的一阶差分序列可以满足 PVAR 模型构建的前提条件。

表 4.1　　　　　　　　　　面板单位根检验结果

变量名	检验方法	全国	东部	中部	西部
UE	LLC	− 58. 205 *** （0. 000）	− 5. 384 *** （0. 000）	− 5. 877 *** （0. 000）	− 12. 114 *** （0. 000）
	IPS	− 15. 124 *** （0. 000）	− 2. 134 ** （0. 016）	0. 584 （0. 720）	− 5. 391 *** （0. 000）
Upgrade	LLC	− 5. 139 *** （0. 000）	− 3. 967 *** （0. 000）	− 4. 688 *** （0. 000）	− 6. 218 *** （0. 000）
	IPS	1. 874 （0. 970）	1. 798 （0. 964）	1. 352 （0. 912）	0. 587 （0. 722）
Ration	LLC	− 50. 756 *** （0. 000）	− 3. 206 *** （0. 001）	− 4. 180 *** （0. 000）	− 4. 559 *** （0. 000）
	IPS	− 9. 366 *** （0. 000）	− 30. 203 *** （0. 000）	− 22. 640 *** （0. 000）	− 5. 402 *** （0. 000）

注：括号中数值为 *P* 值，*、** 和 *** 分别表示 10% 、5% 和 1% 的显著水平。

　　为考察交通基础设施投资、产业结构高度化水平和产业结构合理化水平之间是否存在长期稳定的关系，需要进行协整检验。本章选取 Kao、Pedroni 和 Westerlund 检验方法分别基于全国样本和分地区样本进行检验。具体检验结果如表 4.2 所示。可知不论是在全国样本下还是分地区样本下，三种检验方法的 5 个统计量中至少有 3 个统计量均在 10% 显著水平下拒绝不存在协整的原假设，因此三个变量间存在协整关系，这为后续分析奠定了基础。

表 4.2　　　　　　　　　　　　协整检验结果

地区	Kao		Pedroni		Westerlund
	DF－t	ADF－t	PP－t	ADF－t	Vr
全国	－0.435 (0.332)	－1.600* (0.055)	－17.436*** (0.000)	－11.663*** (0.000)	6.493*** (0.000)
东部	0.008 (0.497)	－1.908** (0.028)	－2.975*** (0.002)	－3.236*** (0.001)	5.248*** (0.000)
中部	－4.893*** (0.000)	0.007 (0.497)	－12.955*** (0.000)	－9.183*** (0.000)	－0.772 (0.220)
西部	0.357 (0.361)	1.419* (0.078)	－12.275*** (0.000)	－8.190*** (0.000)	6.135*** (0.000)

注：括号中数值为 P 值，*、** 和 *** 分别表示 10%、5% 和 1% 的显著水平。

4.3.2　GMM 估计结果

对 PVAR 模型进行回归估计之前，需要对模型中的滞后阶数进行确定，具体选择最优滞后阶数的原则为[235]：首先，在"赤池信息准则"（Akaike information criterion，AIC）、"贝叶斯信息准则"（Bayesian information criterion，BIC）和"汉南—昆信息准则"（Hannan－Quinn information criterion，HQIC）三个信息准则下，信息量取值最小时的滞后阶数就是模型中的最优滞后阶数；其次，为了防止滞后阶数过大出现损失自由度的情况，滞后阶数的选择应尽可能小；最后，为了便于对各地区进行结果的对比分析，滞后阶数的选择应尽量相同。基于上述选择原则，最终确定在全国及分地区的最优滞后阶数为 2 阶。具体 AIC、BIC 和 HQIC 三个信息准则的判断结果如表 4.3 所示。

表 4.3   PVAR 模型最优滞后阶数的选择

地区	滞后阶数	AIC	BIC	HQIC
全国	1	− 8. 146	− 6. 826 *	− 7. 616 *
	2	− 8. 211	− 6. 645	− 7. 580
	3	− 8. 214 *	− 6. 349	− 7. 460
东部	1	− 10. 009	− 8. 908 *	− 9. 564 *
	2	− 10. 041 *	− 8. 606	− 9. 463
	3	− 10. 011	− 8. 185	− 9. 280
中部	1	− 9. 895	− 8. 851 *	− 9. 479
	2	− 10. 048 *	− 8. 631	− 9. 490 *
	3	− 2. 647	− 0. 802	− 1. 932
西部	1	− 7. 927	− 6. 826	− 7. 481
	2	− 8. 297 *	− 6. 861 *	− 7. 718 *
	3	− 8. 074	− 6. 248	− 7. 344

注：＊表示 AIC、BIC 和 HQIC 三个信息准则判断结果的最优滞后阶数。

在滞后阶数进行确定之后，本章选择广义矩估计方法（generalized method of moments，GMM）对 PVAR 模型进行估计。全国样本下的具体估计结果如表 4.4 所示，滞后一期的交通基础设施投资对自身当期的影响在 1% 的置信水平下显著为正，即使滞后二期的交通基础设施投资对自身当期的影响并不显著，也表明交通基础设施投资水平的提升对自身具有较强的促进作用；滞后一期和滞后二期的产业结构高度化水平都对当期交通基础设施投资的影响不显著，表明产业结构高度化发展未对交通基础设施投资水平的提升形成促进；滞后一期的产业结构合理化水平对当期交通基础设施投资的促进作用不显著，而滞后二期的产业结构合理化水平对当期交通基础设施投资的影响在 5% 的置信水平下显著为正，表明产业结构合理化发展对交通基础设施投资水平的提升产生的促进作用具有长期性。

表 4.4　　　　　　　　全国样本下 PVAR 模型的参数估计结果

变量	UE	Upgrade	Ration
UE_{t-1}	0.792 *** (6.34)	0.557 * (1.94)	0.111 (0.90)
UE_{t-2}	−0.013 (−0.14)	−0.019 (−0.13)	−0.133 * (−1.70)
$Upgrade_{t-1}$	0.019 (0.44)	0.358 *** (3.01)	−0.023 (−0.35)
$Upgrade_{t-2}$	−0.004 (−0.30)	0.292 *** (5.35)	−0.008 (−0.29)
$Ration_{t-1}$	0.018 (0.33)	0.658 *** (2.60)	0.803 *** (4.74)
$Ration_{t-2}$	0.054 ** (1.98)	−0.153 (−1.10)	−0.050 (−0.59)

注：括号中数值为 t 统计量，* 、** 和 *** 分别表示 10%、5% 和 1% 的显著水平。

　　滞后一期的交通基础设施投资对当期产业结构高度化水平的影响在 10% 的置信水平下显著为正，而滞后二期的交通基础设施投资对当期产业结构高度化水平的影响并不显著，表明交通基础设施投资水平的提升在短期内对产业结构高度化发展具有促进作用；滞后一期和滞后二期的产业结构高度化水平都对当期自身的影响在 1% 的置信水平下显著为正，表明产业结构高度化发展对自身具有较强的促进作用；滞后一期的产业结构合理化水平对当期产业结构高度化水平的影响在 1% 的置信水平下显著为正，而滞后二期的产业结构合理化水平对当期产业结构高度化水平的影响并不显著，表明产业结构合理化发展在短期内对产业结构高度化发展具有较强的促进作用。

　　滞后一期的交通基础设施投资对当期产业结构合理化水平的促进作用不显著，且滞后二期的交通基础设施投资对当期产业结构合理化水平的影响在 10% 的置信水平下显著为负，表明交通基础设施投资水平的提升对产业结构合理化发展的抑制作用具有长期性；滞后一期和滞后二期的产业结构高度化水平都对当期产业结构合理化水平的影响不显著，表明产业结构高度化发展未对产业结构合理化发展形成促进；滞后一期的产业结构合理化水平对自身当期的影响在 1% 的置信水平下显著为正，即使滞后二期的产业结构合理化水平对自身当期的影响并不显著，也表明产业结构合理化发展对自身具有较强的促进作用。

综上所述，交通基础设施投资水平的提升对产业结构高度化发展的影响，短期内具有显著促进作用，但长期内并无促进作用；交通基础设施投资水平的提升对产业结构合理化发展的影响，短期来看促进作用不明显，而且长期来看甚至具有显著抑制作用；产业结构高度化发展不论短期还是长期来看都对交通基础设施投资水平的提升作用不明显；产业结构合理化发展虽然在短期内对交通基础设施投资水平的提升作用不明显，但从长期来看具有显著促进作用。基于产业结构转型升级是从产业结构高度化和产业结构合理化两个维度进行考虑，同时结合短期和长期的互动关系分析结果，因此得到全国样本下交通基础设施投资与产业结构转型升级具有显著的相互促进关系。

东部样本下的具体估计结果如表 4.5 所示，滞后一期的交通基础设施投资对自身当期的影响在 1% 的置信水平下显著为正，而滞后二期的交通基础设施投资对自身当期的影响在 10% 的置信水平下显著为负，表明交通基础设施投资水平的提升在短期内对自身具有较强的促进作用，但从长期来看对自身具有一定抑制作用；滞后一期的产业结构高度化水平对当期交通基础设施投资的影响并不显著，滞后二期的产业结构高度化水平对当期交通基础设施投资的影响在 5% 的置信水平下显著为负，表明产业结构高度化发展对交通基础设施投资水平产生的抑制作用具有长期性；滞后一期的产业结构合理化水平对当期交通基础设施投资的影响在 5% 的置信水平下显著为负，而滞后二期的产业结构合理化水平对当期交通基础设施投资的影响在 1% 的置信水平下显著为正，表明产业结构合理化发展在短期内对交通基础设施投资水平的提升具有一定抑制作用，但从长期来看具有较强的促进作用。

表 4.5 东部样本下 PVAR 模型的参数估计结果

变量	UE	$Upgrade$	$Ration$
UE_{t-1}	0.919 *** (6.90)	0.218 (0.74)	−0.048 (−0.89)
UE_{t-2}	−0.216 * (−1.75)	0.095 (0.62)	−0.003 (−0.08)
$Upgrade_{t-1}$	−0.096 (−1.40)	0.434 *** (2.79)	−0.084 ** (−2.50)
$Upgrade_{t-2}$	−0.132 ** (−2.32)	0.428 *** (3.80)	0.010 (0.37)
$Ration_{t-1}$	−0.827 ** (−2.30)	1.975 *** (3.29)	0.898 *** (5.04)
$Ration_{t-2}$	0.875 *** (2.58)	−1.416 *** (−2.74)	−0.084 (−0.54)

注：括号中数值为 t 统计量，*、** 和 *** 分别表示 10%、5% 和 1% 的显著水平。

　　滞后一期和滞后二期的交通基础设施投资对当期产业结构高度化水平的影响均为正但不显著，表明交通基础设施投资水平的提升对产业结构高度化发展的促进作用有限，或需要通过一定间接途径实现作用传导；滞后一期和滞后二期的产业结构高度化水平都对自身当期的影响在 1% 的置信水平下显著为正，表明产业结构高度化发展对自身具有较强的促进作用；滞后一期的产业结构合理化水平对当期产业结构高度化水平的影响在 1% 的置信水平下显著为正，而滞后二期的产业结构合理化水平对当期产业结构高度化水平的影响在 1% 的置信水平下显著为负，表明产业结构合理化发展在短期内对产业结构高度化发展具有较强促进作用，但从长期来看具有较强抑制作用。

　　滞后一期和滞后二期的交通基础设施投资都对当期产业结构合理化水

平的影响不显著，表明交通基础设施投资水平的提升未对产业结构合理化发展形成促进；滞后一期的产业结构高度化水平对当期产业结构合理化水平的影响在 5% 的置信水平下显著为负，滞后二期的产业结构高度化水平对当期产业结构合理化水平的影响并不显著，表明产业结构高度化发展在短期内对产业结构合理化水平具有一定抑制作用；滞后一期的产业结构合理化水平对自身当期的影响在 1% 的置信水平下显著为正，即使滞后二期的产业结构合理化水平对自身当期的影响并不显著，也表明产业结构合理化发展对自身具有较强的促进作用。

综上所述，交通基础设施投资水平的提升不论短期还是长期都对产业结构高度化发展和产业结构合理化发展没有显著促进作用；产业结构高度化发展对交通基础设施投资水平的提升作用，短期来看不存在，长期来看甚至具有显著抑制作用；产业结构合理化发展对交通基础设施投资水平的提升作用，虽然在短期内具有显著抑制作用，但从长期来看具有显著促进作用。基于产业结构转型升级是从产业结构高度化和产业结构合理化两个维度进行考虑，同时结合短期和长期的互动关系分析结果，因此得到东部地区样本下交通基础设施投资对产业结构转型升级没有显著促进作用，相反，产业结构转型升级则能显著促进交通基础设施投资水平的提升。

中部样本下的具体估计结果如表 4.6 所示，滞后一期和滞后二期的交通基础设施投资都对自身当期的影响不显著，表明交通基础设施投资水平的提升对自身没有产生作用；滞后一期和滞后二期的产业结构高度化水平对当期交通基础设施投资的影响均为正但不显著，表明产业结构高度化发展对交通基础设施投资水平的提升产生的促进作用有限，或需要通过一定间接途径实现作用传导；滞后一期的产业结构合理化水平对当期交通基础设施投资的影响在 10% 的置信水平下显著为正，而滞后二期的产业结构合理化水平对当期交通基础设施投资的影响并不显著，表明产业结构合理化发展在短期内对交通基础设施投资水平的提升具有一定促进作用。

表4.6　　　　　　　　中部样本下 PVAR 模型的参数估计结果

变量	UE	Upgrade	Ration
UE_{t-1}	-0.157 (-0.62)	0.900 (1.26)	0.718^{**} (2.01)
UE_{t-2}	0.088 (0.50)	-0.464 (-1.50)	0.087 (0.45)
$Upgrade_{t-1}$	0.053 (0.48)	0.460^{*} (1.85)	-0.155 (-1.01)
$Upgrade_{t-2}$	0.075 (1.45)	0.248^{**} (2.24)	-0.036 (-0.57)
$Ration_{t-1}$	0.167^{*} (1.74)	1.236^{***} (3.74)	0.815^{***} (4.18)
$Ration_{t-2}$	-0.033 (-0.21)	-0.654 (-1.53)	0.018 (0.07)

注：括号中数值为 t 统计量，$*$、$**$ 和 $***$ 分别表示10%、5%和1%的显著水平。

　　滞后一期和滞后二期的交通基础设施投资都对当期产业结构高度化水平的影响不显著，表明交通基础设施投资水平的提升未对产业结构高度化发展形成促进；滞后一期和滞后二期的产业结构高度化水平的影响分别在10%和5%的置信水平下显著为正，表明产业结构高度化发展对自身具有较强的促进作用；滞后一期的产业结构合理化水平对产业结构高度化水平的影响在1%的置信水平下显著为正，但滞后二期的产业结构合理化水平对产业结构高度化水平的影响并不显著，表明产业结构合理化发展在短时期内对产业结构高度化发展具有较强促进作用。

　　滞后一期的交通基础设施投资对当期产业结构合理化水平的影响在5%的置信水平下显著为正，但滞后二期的交通基础设施投资对当期产业结构合理化水平的影响虽为正但不显著，表明交通基础设施投资水平的提升在短时期内对产业结构合理化发展具有较强促进作用；滞后一期和滞后二期的产业结构高度化水平都对当期产业结构合理化水平的影响不显著，

表明产业结构高度化发展未对产业结构合理化发展形成促进；滞后一期的
产业结构合理化水平对自身当期的影响在 1% 的置信水平下显著为正，即
使滞后二期的产业结构合理化水平对自身当期的影响虽为正但不显著，也
表明产业结构合理化发展对自身具有较强的促进作用。

综上所述，交通基础设施投资水平的提升与产业结构高度化发展相互
之间不论从短期还是长期来看都不存在显著促进作用；交通基础设施投资
水平的提升与产业结构合理化发展之间从短期来看具有显著的相互促进作
用，但从长期来看相互之间并不存在显著促进作用。基于产业结构转型升
级是从产业结构高度化和产业结构合理化两个维度进行考虑，同时结合短
期和长期的互动关系分析结果，因此得到中部地区样本下交通基础设施投
资与产业结构转型升级具有显著的相互促进关系。

西部样本下的具体估计结果如表 4.7 所示，滞后一期和滞后二期的交
通基础设施投资都对自身当期的影响在 1% 的置信水平下显著为正，表明
交通基础设施投资水平的提升对自身具有较强的促进作用；滞后一期和滞
后二期的产业结构高度化水平对当期交通基础设施投资的影响不显著，表
明产业结构高度化发展未对交通基础设施投资水平的提升形成促进；滞后
一期的产业结构合理化水平对当期交通基础设施投资的影响不显著，但滞
后二期的产业结构合理化水平对当期交通基础设施投资的影响在 10% 的
置信水平下显著为正，表明产业结构合理化发展对交通基础设施投资水平
的提升产生的促进作用具有长期性。

表 4.7　　　　　西部样本下 PVAR 模型的参数估计结果

变量	UE	$Upgrade$	$Ration$
UE_{t-1}	0.489 *** (3.33)	2.079 ** (2.08)	0.366 (0.38)
UE_{t-2}	0.300 *** (3.66)	0.366 (0.95)	-0.534 (-1.44)

续表

变量	UE	Upgrade	Ration
$Upgrade_{t-1}$	− 0. 007 (− 0. 48)	0. 500 *** (3. 15)	0. 040 (0. 47)
$Upgrade_{t-2}$	0. 019 (1. 44)	0. 376 *** (3. 04)	− 0. 050 (− 0. 81)
$Ration_{t-1}$	− 0. 030 (− 0. 99)	0. 113 (0. 41)	0. 816 *** (5. 52)
$Ration_{t-2}$	0. 028 * (1. 91)	− 0. 087 (− 0. 42)	− 0. 057 (− 0. 72)

注: 括号中数值为 t 统计量, *、** 和 *** 分别表示 10%、5% 和 1% 的显著水平。

滞后一期的交通基础设施投资对产业结构高度化水平的影响在 5% 的置信水平下显著为正, 滞后二期的交通基础设施投资对产业结构高度化水平的影响不显著, 表明交通基础设施投资水平的提升在短时期内对产业结构高度化发展具有一定促进作用; 滞后一期和滞后二期的产业结构高度化水平都对自身当期的影响在 1% 的置信水平下显著为正, 表明产业结构高度化发展对自身具有较强的促进作用; 滞后一期和滞后二期的产业结构合理化水平都对产业结构高度化水平的影响不显著, 表明产业结构合理化发展未对产业结构高度化发展形成促进。

滞后一期和滞后二期的交通基础设施投资都对产业结构合理化水平的影响不显著, 表明交通基础设施投资水平的提升未对产业结构合理化发展形成促进; 滞后一期和滞后二期的产业结构高度化水平都对产业结构合理化水平的影响不显著, 表明产业结构高度化发展未对产业结构合理化发展形成促进; 滞后一期的产业结构合理化水平对自身当期的影响在 1% 的置信水平下显著为正, 即使滞后二期的产业结构合理化水平对自身当期的影响不显著, 也表明产业结构合理化发展对自身具有较强的促进作用。

综上所述, 交通基础设施投资水平的提升对产业结构高度化发展的影响，短期内具有显著促进作用，但长期内促进作用并不明显；交通基础设施投资水平的提升不论短期还是长期来看都对产业结构合理化发展没有显著促进作用；产业结构高度化发展短期和长期内都不存在对交通基础设施投资水平提升的显著促进作用；产业结构合理化发展虽然短期内对交通基础设施投资水平的提升不存在显著促进作用，但从长期来看却显著。基于产业结构转型升级是从产业结构高度化和产业结构合理化两个维度进行考虑，同时结合短期和长期的互动关系分析结果，因此得到西部地区样本下交通基础设施投资与产业结构转型升级具有显著的相互促进关系。

4.3.3　脉冲响应分析

为了探究交通基础设施投资、产业结构高度化水平和产业结构合理化水平之间的长期动态互动关系，即三者之间的相互作用趋势，需要通过脉冲响应函数进行分析。具体脉冲响应函数描述的是对某内生变量的扰动项给予一个单位标准差冲击，当保持其他内生变量并不产生冲击的前提下，该内生变量对其他内生变量在当期及未来所带来的影响的波动趋势。本章基于 GMM 估计，进行蒙特卡洛 1 000 次模拟之后得到在 95% 的置信区间和观测期为 15 期的脉冲响应结果。

全国的脉冲响应结果如图 4.1 所示，可知：（1）当分别给三个变量一个标准差冲击时，其对自身同期产生了最大正向影响，之后正向影响逐渐减弱趋于平稳。因此三个变量对自身都具有正向促进作用。（2）当给交通基础设施投资一个标准差冲击时，对产业结构高度化水平在同期产生了短暂的负向影响，在第 1 期转变为正向影响，在第 3 期正向影响达到最大，之后正向影响逐渐减弱趋于平稳，但交通基础设施投资对产业结构高度化水平的累计影响为正。因此交通基础设施投资对产业结构高度化水平具有正向促进作用。（3）当给交通基础设施投资一个标准差冲击时，对产业结构合理化水平在 15 个观测期内几乎没有影响。（4）当给产业结构高度化水平一个标准差冲击时，对交通基础设施投资在 15 个观测期内几乎没有影响。（5）当给产业结构合理化水平一个标准差冲击时，对交通基础设施投资在同期没有产生影响，在第1期产生了正向影响，在第5期正向影响达到最大，之后正向影响逐渐减弱趋于平稳。因此产业结构合理化水平对交通基础设施投资具有正向促进作用。（6）当给产业结构高度化水平一个标准差冲击时，对产业结构合理化水平在同期产生了最大负向影响，之后负向影响逐渐减弱趋于平稳。因此，产业结构高度化水平对产业结构合理化水平具有负向抑制作用。（7）当给产业结构合理化水平一个标准差冲击时，对产业结构高度化水平在同期没有产生影响，在第1期产生了正向影响，在第3期正向影响达到最大，之后正向影响逐渐减弱趋于平稳。因此产业结构合理化水平对产业结构高度化水平具有正向促进作用。

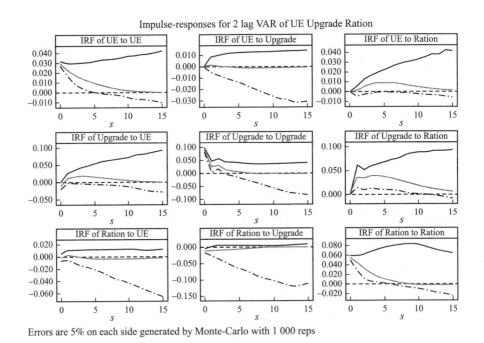

图 4.1　全国样本的脉冲响应结果

综上所述，从长期发展趋势来看，交通基础设施投资水平的提升对产业结构高度化发展具有正向促进作用，而对产业结构合理化发展几乎没有作用；产业结构高度化发展对交通基础设施投资几乎没有作用；产业结构合理化发展对交通基础设施投资具有正向促进作用。基于产业结构转型升级是从产业结构高度化和产业结构合理化两个维度进行考虑，因此全国样本下交通基础设施投资与产业结构转型升级相互间具有正向促进趋势。

东部地区的脉冲响应结果如图 4.2 所示，可知：（1）当分别给三个变量一个标准差冲击时，其对自身同期产生了最大正向影响，之后正向影响逐渐减弱趋于平稳。因此三个变量对自身都具有正向促进作用。（2）当给交通基础设施投资一个标准差冲击时，对产业结构高度化水平在同期产生了短暂的负向影响，在第 1 期转变为正向影响，在第 3 期正向影响达到最大，之后正向影响逐渐减弱趋于平稳，但交通基础设施投资对产业结构高度化水平的累计影响为正。因此交通基础设施投资对产业结构高度化水平具有正向促进作用。（3）当给交通基础设施投资一个标准差冲击时，对产业结构合理化水平在同期具有负向影响，在第 5 期负向影响达到最大，之后负向影响逐渐减弱趋于平稳。因此交通基础设施投资对产业结构合理化水平具有负向抑制作用。（4）当给产业结构高度化水平一个标准差冲击时，对交通基础设施投资在同期没有产生影响，在第 1 期产生了负向影响，在第 4 期负向影响达到最大，之后负向影响逐渐减弱趋于平稳。因此产业结构高度化水平对交通基础设施投资具有负向抑制作用。（5）当给产业结构合理化水平一个标准差冲击时，对交通基础设施投资在同期没有产生影响，在第 1 期产生了最大负向影响，之后负向影响逐渐减弱趋于平稳。因此产业结构合理化水平对交通基础设施投资具有负向抑制作用。（6）当给产业结构高度化水平一个标准差冲击时，对产业结构合理化水平在同期具有负向影响，在第 1 期负向影响达到最大，之后负向影响逐渐减弱趋于平稳。因此产业结构高度化水平对产业结构合理化水平具有负向抑制作用。（7）当给产业结构合理化水平一个标准差冲击时，对产业结构高度化水平在同期没有产生影响，在第 1 期产生了最大正向影响，之后正向影响逐渐减弱趋于平稳。因此产业结构合理化水平对产业结构高度化水平具有正向促进作用。

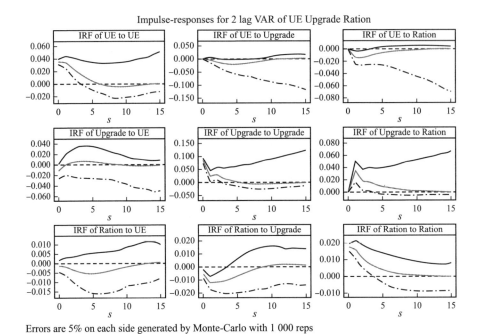

图4.2　东部地区样本的脉冲响应结果

综上所述，从长期发展趋势来看，交通基础设施投资水平的提升对产业结构高度化发展具有正向促进作用，而对产业结构合理化发展具有负向抑制作用；产业结构高度化发展和产业结构合理化发展对交通基础设施投资都具有负向抑制作用。基于产业结构转型升级是从产业结构高度化和产业结构合理化两个维度进行考虑，因此东部地区样本下交通基础设施投资对产业结构转型升级具有一定正向促进趋势，而产业结构转型升级对交通基础设施投资则具有负向抑制趋势。

中部地区的脉冲响应结果如图4.3所示，可知：（1）当分别给三个变量一个标准差冲击时，其对自身同期产生了最大正向影响，之后正向影响逐渐减弱趋于平稳。因此三个变量对自身都具有正向促进作用。（2）当给交通基础设施投资一个标准差冲击时，对产业结构高度化水平在同期产生了短暂的负向影响，在第1期转变为正向影响，在第3期正向影响达到最大，之后正向影响逐渐减弱趋于平稳，但交通基础设施投资对产业结构高度化水平的累计影响为正。因此交通基础设施投资对产业结构高度化水平具有正向促进作用。（3）当给交通基础设施投资一个标准差冲击时，对产业结构合理化水平在同期具有正向影响，在第 1 期正向影响达到最大，之后正向影响逐渐减弱趋于平稳。因此交通基础设施投资对产业结构合理化水平具有正向促进作用。（4）当给产业结构高度化水平一个标准差冲击时，对交通基础设施投资在同期没有产生影响，直到第 3 期产生了负向影响，在第 5 期负向影响达到最大，之后负向影响逐渐减弱趋于平稳。因此产业结构高度化水平对交通基础设施投资具有负向抑制作用。（5）当给产业结构合理化水平一个标准差冲击时，对交通基础设施投资在同期没有产生影响，在第 1 期产生了正向影响，在第 3 期正向影响达到最大，之后正向影响逐渐减弱趋于平稳。因此产业结构合理化水平对交通基础设施投资具有正向促进作用。（6）当给产业结构高度化水平一个标准差冲击时，对产业结构合理化水平在同期具有负向影响，在第 1 期负向影响达到最大，之后负向影响逐渐减弱趋于平稳。因此产业结构高度化水平对产业结构合理化水平具有负向抑制作用。（7）当给产业结构合理化水平一个标准差冲击时，对产业结构高度化水平在同期没有产生影响，在第 1 期产生了最大正向影响，之后正向影响逐渐减弱趋于平稳。因此产业结构合理化水平对产业结构高度化水平具有正向促进作用。

综上所述，从长期发展趋势来看，交通基础设施投资水平的提升对产业结构高度化发展和产业结构合理化发展都具有正向促进作用；产业结构高度化发展对交通基础设施投资具有负向抑制作用；产业结构合理化发展对交通基础设施投资具有正向促进作用。基于产业结构转型升级是从产业结构高度化和产业结构合理化两个维度进行考虑，因此中部地区样本下交通基础设施投资与产业结构转型升级相互间具有一定正向促进趋势。

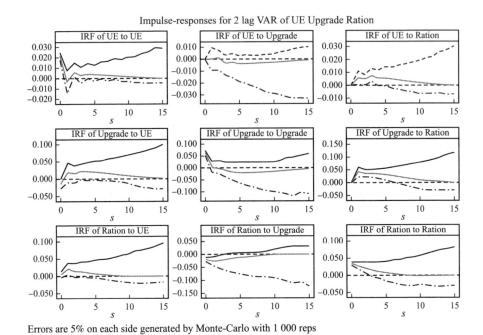

Errors are 5% on each side generated by Monte-Carlo with 1 000 reps

图 4.3　中部地区样本的脉冲响应结果

西部地区的脉冲响应结果如图 4.4 所示,可知:(1) 当分别给三个变量一个标准差冲击时,其对自身同期产生了最大正向影响,之后正向影响逐渐减弱趋于平稳。因此三个变量对自身都具有正向促进作用。(2) 当给交通基础设施投资一个标准差冲击时,对产业结构高度化水平在同期产生了短暂的负向影响,在第 1 期转变为正向影响,之后正向影响持续上升至第 15 期,但交通基础设施投资对产业结构高度化水平的累计影响为正。因此交通基础设施投资对产业结构高度化水平具有正向促进作用。(3) 当给交通基础设施投资一个标准差冲击时,对产业结构合理化水平在 15 个观测期内几乎没有影响。(4) 当给产业结构高度化水平一个标准差冲击时,对交通基础设施投资在 15 个观测期内几乎没有影响。(5) 当给产业结构合理化水平一个标准差冲击时,对交通基础设施投资在 15 个观测期内几乎没有影响。(6) 当给产业结构高度化水平一个标准差冲击时,对产业结构合理化水平在同期产生了最大负向影响,之后负向影响逐渐减弱趋于平稳。因此产业结构高度化对产业结构合理化水平具有负向抑制作用。（7）当给产业结构合理化水平一个标准差冲击时，对产业结构高度化水平在 15 个观测期内几乎没有影响。

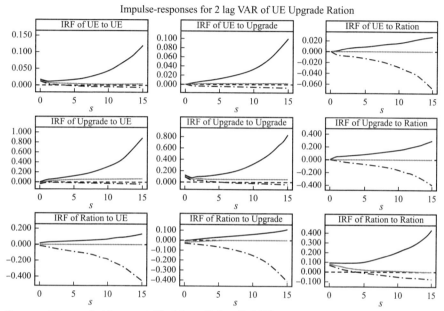

图 4.4　西部地区样本的脉冲响应结果

综上所述，从长期发展趋势来看，交通基础设施投资水平的提升对产业结构高度化发展具有正向促进作用，而对产业结构合理化发展几乎没有作用；产业结构高度化发展和产业结构合理化发展都对交通基础设施投资几乎没有作用。基于产业结构转型升级是从产业结构高度化和产业结构合理化两个维度进行考虑，因此西部地区样本下交通基础设施投资对产业结构转型升级具有一定正向促进趋势，但产业结构转型升级对交通基础设施投资几乎没有作用。

4.3.4 方差分解

为进一步探究交通基础设施投资、产业结构高度化水平和产业结构合理化水平之间的长期动态互动关系，考察不同时期各个内生变量之间的影响程度，本章采用方差分解进行分析。方差分解是通过将内生变量中的变化分解成为对构建的 PVAR 模型分量的冲击，进而得到每一个冲击对内生变量发生变化的贡献率。对于方差分解中预测期的选择，由于方差分解的结果在第 15 个预测期后基本保持不变，表明在第 15 个预测期之后，各变量的解释力度基本保持稳定。因此，本章只列出了 15 个预测期内的方差分解结果。

全国的方差分解结果如表 4.8 所示，可知：（1）对交通基础设施投资产生影响的贡献中，自身的贡献率在 81.2% ~ 100%，但是从第 1 个预测期自身的贡献率为 100% 开始便持续下降直至第 15 个预测期；产业结构高度化水平的贡献率在 0 ~ 0.5%，从第 1 个预测期产业结构高度化水平的贡献率为 0 开始便小幅波动上升，直到第 15 个预测期其贡献率上升到最高值 0.5%；产业结构合理化水平的贡献率在 0 ~ 18.4%，从第 1 个预测期产业结构合理化水平的贡献率为 0 开始便持续上升直至第 15 个预测期。按照各变量对交通基础设施投资产生影响的总体贡献大小进行排序：交通基础设施投资 > 产业结构合理化水平 > 产业结构高度化水平。（2）对产业结构高度化水平产生影响的贡献中，交通基础设施投资的贡献率在 1% ~ 9.1%，从第 1 个预测期交通基础设施投资的贡献率为 1% 开始便持续上升直至第 9 个预测期，之后贡献率保持不变；自身的贡献率在 44% ~ 99%，但是从第 1 个预测期自身的贡献率为 99% 开始便持续下降直至第 15 个预测期；产业结构合理化水平的贡献率在 0 ~ 47%，从第 1 个预测期产业结构合理化水平的贡献率为 0 开始便持续上升直至第 15 个预测期。按照各变量对产业结构高度化水平产生影响的总体贡献大小进行排序：产业结构高度化水平 > 产业结构合理化水平 > 交通基础设施投资。（3）对产业结构合理化水平产生影响的贡献中，交通基础设施投资的贡献率在 0～1.2%，从第 1 个预测期交通基础设施投资的贡献率为 0 开始便小幅波动上升，直到第 13 个预测期其贡献率上升到最高值 1.2%，之后贡献率保持不变；产业结构高度化水平的贡献率在 3.8%～6.7%，从第 1 个预测期产业结构高度化水平的贡献率为 3.8% 开始便波动上升，直到第 10 个预测期其贡献率上升到最高值 6.7%，之后贡献率基本保持不变；自身的贡献率在92.1%～96.2%，但是从第 1 个预测期自身的贡献率为 96.2% 开始便持续下降直至第 15 个预测期。按照各变量对产业结构合理化水平产生影响的总体贡献大小进行排序：产业结构合理化水平 > 产业结构高度化水平 > 交通基础设施投资。

表 4.8　　　　　　　　　　全国样本的方差分解结果

响应变量	s	脉冲变量		
		UE	*Upgrade*	*Ration*
UE	1	1.000	0	0
Upgrade	1	0.010	0.990	0
Ration	1	0	0.038	0.962
UE	2	0.998	0.002	0.001
Upgrade	2	0.023	0.851	0.126
Ration	2	0.002	0.045	0.953
UE	3	0.982	0.001	0.016
Upgrade	3	0.039	0.767	0.194
Ration	3	0.001	0.051	0.947
UE	4	0.956	0.001	0.043
Upgrade	4	0.058	0.669	0.273
Ration	4	0.001	0.056	0.942
UE	5	0.926	0.001	0.073
Upgrade	5	0.072	0.599	0.329

续表

响应变量	s	脉冲变量		
		UE	Upgrade	Ration
Ration	5	0.002	0.060	0.938
UE	6	0.898	0.001	0.101
Upgrade	6	0.081	0.546	0.373
Ration	6	0.003	0.063	0.934
UE	7	0.874	0.002	0.124
Upgrade	7	0.086	0.509	0.405
Ration	7	0.005	0.065	0.930
UE	8	0.855	0.002	0.143
Upgrade	8	0.089	0.484	0.427
Ration	8	0.006	0.066	0.928
UE	9	0.840	0.003	0.157
Upgrade	9	0.091	0.467	0.442
Ration	9	0.008	0.066	0.926
UE	10	0.830	0.003	0.167
Upgrade	10	0.091	0.456	0.453
Ration	10	0.009	0.067	0.924
UE	11	0.823	0.004	0.174
Upgrade	11	0.091	0.449	0.460
Ration	11	0.010	0.067	0.923
UE	12	0.818	0.004	0.178
Upgrade	12	0.091	0.445	0.464
Ration	12	0.011	0.067	0.922
UE	13	0.815	0.004	0.181
Upgrade	13	0.091	0.442	0.467
Ration	13	0.012	0.067	0.922
UE	14	0.813	0.004	0.183
Upgrade	14	0.091	0.441	0.469

续表

响应变量	s	脉冲变量		
		UE	*Upgrade*	*Ration*
Ration	14	0.012	0.067	0.922
UE	15	0.812	0.005	0.184
Upgrade	15	0.091	0.440	0.470
Ration	15	0.012	0.066	0.921

东部地区的方差分解结果如表4.9所示，可知：（1）对交通基础设施投资产生影响的贡献中，自身的贡献率在57.5%～100%，但是从第1个预测期自身的贡献率为100%开始便持续下降，直到第11个预测期其贡献率下降到最低值57.5%，之后其贡献率略微上升并保持在57.6%；产业结构高度化水平的贡献率在0～30.9%，从第1个预测期产业结构高度化水平的贡献率为0开始便持续上升，直到第11个预测期其贡献率上升到最高值30.9%，之后贡献率基本保持不变；产业结构合理化水平的贡献率在0～12.5%，从第1个预测期产业结构合理化水平的贡献率为0开始便持续上升，直到第4个预测期其贡献率上升到最高值12.5%，之后贡献率又小幅持续下降。按照各变量对交通基础设施投资产生影响的总体贡献大小进行排序：交通基础设施投资＞产业结构高度化水平＞产业结构合理化水平。（2）对产业结构高度化水平产生影响的贡献中，交通基础设施投资的贡献率在1.4%～2.7%，从第1个预测期交通基础设施投资的贡献率为1.8%开始便持续波动上升直至第15个预测期；自身的贡献率在78.9%～98.2%，但是从第1个预测期自身的贡献率为98.2%开始便持续下降，直到第9个预测期其贡献率下降到最低值78.9%，之后贡献率保持不变；产业结构合理化水平的贡献率在0～18.6%，从第1个预测期产业结构合理化水平的贡献率为0开始便持续上升，直到第9个预测期其贡献率上升到最高值18.6%，之后贡献率基本保持不变。按照各变量对产业结构高度化水平产生影响的总体贡献大小进行排序：产业结构高

度化水平 > 产业结构合理化水平 > 交通基础设施投资。（3）对产业结构合理化水平产生影响的贡献中，交通基础设施投资的贡献率在 0.4% ~ 10.7%，从第 1 个预测期交通基础设施投资的贡献率为 0.4% 开始便持续上升，直到第 11 个预测期其贡献率上升到最高值 10.7%，之后贡献率保持不变；产业结构高度化水平的贡献率在 8.7% ~ 38.6%，从第 1 个预测期产业结构高度化水平的贡献率为 8.7% 开始便持续上升，直到第 6 个预测期其贡献率上升到最高值 38.6%，之后贡献率小幅波动下降；自身的贡献率在 51.2% ~ 90.8%，但是从第 1 个预测期自身的贡献率为 90.8% 开始便持续下降直至第 15 个预测期。按照各变量对产业结构合理化水平产生影响的总体贡献大小进行排序：产业结构合理化水平 > 产业结构高度化水平 > 交通基础设施投资。

表 4.9　　　　　　　　　　　　　东部地区的方差分解结果

响应变量	s	脉冲变量		
		UE	Upgrade	Ration
UE	1	1.000	0	0
Upgrade	1	0.018	0.982	0
Ration	1	0.004	0.087	0.908
UE	2	0.915	0.005	0.080
Upgrade	2	0.014	0.851	0.135
Ration	2	0.007	0.233	0.760
UE	3	0.845	0.040	0.115
Upgrade	3	0.014	0.836	0.150
Ration	3	0.017	0.304	0.679
UE	4	0.773	0.102	0.125
Upgrade	4	0.017	0.815	0.168
Ration	4	0.033	0.353	0.614
UE	5	0.705	0.170	0.125

续表

响应变量	s	脉冲变量		
		UE	$Upgrade$	$Ration$
$Upgrade$	5	0.021	0.803	0.176
$Ration$	5	0.051	0.377	0.572
UE	6	0.651	0.227	0.122
$Upgrade$	6	0.024	0.795	0.181
$Ration$	6	0.068	0.386	0.547
UE	7	0.613	0.267	0.119
$Upgrade$	7	0.025	0.791	0.184
$Ration$	7	0.083	0.385	0.532
UE	8	0.591	0.292	0.117
$Upgrade$	8	0.025	0.789	0.185
$Ration$	8	0.094	0.382	0.524
UE	9	0.580	0.304	0.116
$Upgrade$	9	0.025	0.789	0.186
$Ration$	9	0.101	0.378	0.521
UE	10	0.576	0.308	0.116
$Upgrade$	10	0.025	0.789	0.186
$Ration$	10	0.105	0.377	0.518
UE	11	0.575	0.309	0.115
$Upgrade$	11	0.025	0.789	0.185
$Ration$	11	0.107	0.377	0.517
UE	12	0.576	0.309	0.116
$Upgrade$	12	0.025	0.789	0.185
$Ration$	12	0.107	0.378	0.515
UE	13	0.576	0.308	0.116
$Upgrade$	13	0.026	0.789	0.185
$Ration$	13	0.107	0.379	0.514
UE	14	0.576	0.308	0.116

响应变量	s	脉冲变量		
		UE	*Upgrade*	*Ration*
Upgrade	14	0.026	0.789	0.185
Ration	14	0.107	0.308	0.513
UE	15	0.576	0.309	0.116
Upgrade	15	0.027	0.789	0.185
Ration	15	0.107	0.381	0.512

中部地区的方差分解结果如表4.10所示，可知：（1）对交通基础设施投资产生影响的贡献中，自身的贡献率在63.6%~100%，但是从第1个预测期自身的贡献率为100%开始便持续下降直至第15个预测期；产业结构高度化水平的贡献率在0~10.4%，从第1个预测期产业结构高度化水平的贡献率为0开始便持续上升，直至第15个预测期；产业结构合理化水平的贡献率在0~26.1%，从第1个预测期产业结构合理化水平的贡献率为0开始便持续上升，直至第10个预测期其贡献率上升到最高值26.1%，之后贡献率保持不变。按照各变量对交通基础设施投资产生影响的总体贡献大小进行排序：交通基础设施投资>产业结构合理化水平>产业结构高度化水平。（2）对产业结构高度化水平产生影响的贡献中，交通基础设施投资的贡献率在4.6%~17.6%，从第1个预测期交通基础设施投资的贡献率为4.6%开始便持续上升，直到第11个预测期其贡献率上升到最高值17.6%，之后贡献率保持不变；自身的贡献率在35.5%~95.4%，从第1个预测期交通基础设施投资的贡献率为95.4%开始便持续下降直至第8个预测期，之后贡献率又小幅持续上升；产业结构合理化水平的贡献率在0~47.8%，从第1个预测期交通基础设施投资的贡献率为0开始便持续下降，直到第7个预测期其贡献率上升到最高值47.8%，之后贡献率又小幅持续下降。按照各变量对产业结构高度化水平产生影响的总体贡献大小进行排序：产业结构高度化水平>产业结构合理化水平>

交通基础设施投资。（3）对产业结构合理化水平产生影响的贡献中，交通基础设施投资的贡献率在 1.5% ~ 16.2%，从第 1 个预测期交通基础设施投资的贡献率为 1.5% 开始便持续上升，直到第 6 个预测期其贡献率上升到最高值 16.2%，之后贡献率基本保持不变；产业结构高度化水平的贡献率在 25.1% ~ 41.8%，从第 1 个预测期产业结构高度化水平的贡献率为 25.1% 开始便持续上升，直到第 10 个预测期其贡献率上升到最高值 41.8%，之后贡献率基本保持不变；自身的贡献率在 42.1% ~ 73.4%，但是从第 1 个预测期自身的贡献率为 73.4% 开始便持续下降，直到第 10 个预测期其贡献率下降到最低值 42.1%，之后贡献率基本保持不变。按照各变量对产业结构合理化水平产生影响的总体贡献大小进行排序：产业结构合理化水平 > 产业结构高度化水平 > 交通基础设施投资。

表 4.10　　　　　　　　　　　　中部地区的方差分解结果

响应变量	s	脉冲变量		
		UE	$Upgrade$	$Ration$
UE	1	1.000	0	0
$Upgrade$	1	0.046	0.954	0
$Ration$	1	0.015	0.251	0.734
UE	2	0.935	0	0.064
$Upgrade$	2	0.085	0.643	0.272
$Ration$	2	0.140	0.309	0.551
UE	3	0.897	0.003	0.100
$Upgrade$	3	0.099	0.517	0.384
$Ration$	3	0.148	0.356	0.496
UE	4	0.807	0.019	0.174
$Upgrade$	4	0.131	0.428	0.441
$Ration$	4	0.159	0.376	0.465
UE	5	0.767	0.026	0.207

续表

响应变量	s	脉冲变量		
		UE	Upgrade	Ration
Upgrade	5	0. 146	0. 385	0. 469
Ration	5	0. 161	0. 393	0. 446
UE	6	0. 723	0. 044	0. 233
Upgrade	6	0. 159	0. 364	0. 477
Ration	6	0. 162	0. 403	0. 435
UE	7	0. 696	0. 057	0. 247
Upgrade	7	0. 166	0. 356	0. 478
Ration	7	0. 162	0. 410	0. 428
UE	8	0. 675	0. 070	0. 255
Upgrade	8	0. 171	0. 355	0. 474
Ration	8	0. 162	0. 414	0. 424
UE	9	0. 661	0. 080	0. 259
Upgrade	9	0. 174	0. 357	0. 470
Ration	9	0. 161	0. 416	0. 422
UE	10	0. 651	0. 088	0. 261
Upgrade	10	0. 175	0. 359	0. 466
Ration	10	0. 161	0. 418	0. 421
UE	11	0. 644	0. 094	0. 261
Upgrade	11	0. 176	0. 362	0. 462
Ration	11	0. 161	0. 418	0. 421
UE	12	0. 640	0. 098	0. 261
Upgrade	12	0. 176	0. 365	0. 459
Ration	12	0. 161	0. 418	0. 421
UE	13	0. 638	0. 101	0. 261
Upgrade	13	0. 176	0. 367	0. 457
Ration	13	0. 161	0. 418	0. 421
UE	14	0. 636	0. 103	0. 261

响应变量	s	脉冲变量		
		UE	Upgrade	Ration
Upgrade	14	0.176	0.368	0.456
Ration	14	0.161	0.418	0.421
UE	15	0.636	0.104	0.261
Upgrade	15	0.176	0.369	0.455
Ration	15	0.161	0.417	0.422

西部地区的方差分解结果如表 4.11 所示，可知：（1）对交通基础设施投资产生影响的贡献中，自身的贡献率在 90%～100%，但是从第 1 个预测期自身的贡献率为 100% 开始便持续下降直至第 15 期；产业结构高度化水平的贡献率在 0～8.8%，从第 1 个预测期产业结构高度化水平的贡献率为 0 开始便持续上升直至第 15 期；产业结构合理化水平的贡献率在 0～2.2%，从第 1 个预测期产业结构合理化水平的贡献率为 0 开始上升，到第 2 个预测期其贡献率上升到最高值 2.2%，之后贡献率小幅波动下降。按照各变量对交通基础设施投资产生影响的总体贡献大小进行排序：交通基础设施投资 > 产业结构高度化水平 > 产业结构合理化水平。（2）对产业结构高度化水平产生影响的贡献中，交通基础设施投资的贡献率在 3.1%～46%，从第 1 个预测期交通基础设施投资的贡献率为 3.1% 开始便持续上升直至第 15 个预测期；自身的贡献率在 53.9%～96.9%，但是从第 1 个预测期自身的贡献率为 96.9% 开始便持续下降直至第 15 个预测期；产业结构合理化水平的贡献率在 0～0.6%，从第 1 个预测期产业结构合理化水平的贡献率为 0 开始上升，到第 2 个预测期其贡献率上升到最高值 0.6%，之后贡献率小幅波动下降。按照各变量对产业结构高度化水平产生影响的总体贡献大小进行排序：产业结构高度化水平 > 交通基础设施投资 > 产业结构合理化水平。（3）对产业结构合理化水平产生影响的贡献中，交通基础设施投资的贡献率在 0.1%～1.5%，

从第 1 个预测期交通基础设施投资的贡献率为 0.1% 开始便持续上升直至第 15 个预测期；产业结构高度化水平的贡献率在 5.7% ~ 6.8%，从第 1 个预测期产业结构高度化水平的贡献率为 6.7% 开始下降，到第 2 个预测期其贡献率下降到最低值 5.7%，之后贡献率又开始持续上升，到第 14、15 个预测期其贡献率上升到最高值 6.8%；自身的贡献率在 91.6% ~ 94.2%，从第 1 个预测期自身的贡献率为 93.2% 开始上升，到第 2 个预测期其贡献率上升到最高值 94.2%，之后贡献率又开始持续下降，到 15 个预测期其贡献率下降到最低值 91.6%。按照各变量对产业结构合理化水平产生影响的总体贡献大小进行排序：产业结构合理化水平 > 产业结构高度化水平 > 交通基础设施投资。

表 4.11　　　　　　　　　　　　西部地区的方差分解结果

响应变量	s	脉冲变量		
		UE	Upgrade	Ration
UE	1	1.000	0	0
Upgrade	1	0.031	0.969	0
Ration	1	0.001	0.067	0.932
UE	2	0.978	0	0.022
Upgrade	2	0.054	0.940	0.006
Ration	2	0.001	0.057	0.942
UE	3	0.973	0.005	0.021
Upgrade	3	0.072	0.924	0.004
Ration	3	0.001	0.059	0.940
UE	4	0.972	0.008	0.020
Upgrade	4	0.119	0.877	0.004
Ration	4	0.001	0.059	0.940
UE	5	0.967	0.014	0.019
Upgrade	5	0.165	0.832	0.003

续表

响应变量	s	脉冲变量		
		UE	Upgrade	Ration
Ration	5	0.002	0.060	0.938
UE	6	0.962	0.020	0.018
Upgrade	6	0.213	0.784	0.003
Ration	6	0.003	0.061	0.936
UE	7	0.955	0.027	0.017
Upgrade	7	0.256	0.741	0.003
Ration	7	0.004	0.062	0.934
UE	8	0.949	0.035	0.016
Upgrade	8	0.295	0.702	0.002
Ration	8	0.005	0.063	0.932
UE	9	0.942	0.043	0.016
Upgrade	9	0.329	0.688	0.002
Ration	9	0.007	0.064	0.929
UE	10	0.934	0.050	0.015
Upgrade	10	0.359	0.639	0.002
Ration	10	0.008	0.065	0.927
UE	11	0.927	0.058	0.015
Upgrade	11	0.385	0.613	0.002
Ration	11	0.010	0.066	0.925
UE	12	0.920	0.066	0.014
Upgrade	12	0.408	0.591	0.002
Ration	12	0.011	0.066	0.923
UE	13	0.913	0.073	0.014
Upgrade	13	0.427	0.571	0.002
Ration	13	0.012	0.067	0.920
UE	14	0.906	0.081	0.013
Upgrade	14	0.444	0.554	0.002

续表

响应变量	s	脉冲变量		
		UE	Upgrade	Ration
Ration	14	0.014	0.068	0.918
UE	15	0.900	0.088	0.013
Upgrade	15	0.460	0.539	0.002
Ration	15	0.015	0.068	0.916

综上所述,全国和三大地区的方差分解结果显示,第15个预测期各变量的解释力度基本保持稳定,由此本章基于第15个预测期方差分解结果对三大地区交通基础设施投资与产业结构转型升级的两个维度之间的相互影响程度进行比较分析。东、中、西部地区交通基础设施投资对产业结构高度化水平产生影响的贡献率分别为2.7%、17.6%和46%,表明从交通基础设施投资对产业结构高度化水平的影响程度来看西部地区最高而东部地区最低。东、中、西部地区交通基础设施投资对产业结构合理化水平产生影响的贡献率分别为10.7%、16.1%和1.5%,表明从交通基础设施投资对产业结构合理化水平的影响程度来看中部地区最高而西部地区最低。东、中、西部地区产业结构高度化水平对交通基础设施投资产生影响的贡献率分别为30.9%、10.4%和8.8%,表明从产业结构高度化水平对交通基础设施投资的影响程度来看东部地区最高而西部地区最低。东、中、西部地区产业结构合理化水平对交通基础设施投资产生影响的贡献率分别为11.6%、26.1%和1.3%,表明从产业结构合理化水平对交通基础设施投资的影响程度来看中部地区最高而西部地区最低。

4.4 稳健性检验

为了确保上述结论的可靠性,本章通过替换模型所涉部分变量的测度

指标进行稳健性检验，具体是替换衡量产业结构转型升级的两个维度变量的计算指标。该部分对产业结构高度化水平的衡量是参照柯军[236]处理方法利用产业结构层次系数法进行的，具体计算公式为：$Upgrade_{it} = \sum_{m=1}^{3} y_{mit} \times i$。其中，$y_{mit}$为 i 地区第 t 年第 m 产业的产值占当地当年 GDP 的比重。若产业结构层次系数越大，说明产业结构高度化水平越高。产业结构合理化水平的衡量是参照张抗私和高东方[237]处理方法利用产业结构偏离度进行的，具体计算公式为：$Ration_{it} = \sum_{m=1}^{3} \left| \frac{Y_{mit}/L_{mit}}{Y_{it}/L_{it}} - 1 \right| = \sum_{m=1}^{3} \left| \frac{Y_{mit}/Y_{it}}{L_{mit}/L_{it}} - 1 \right|$。其中，$Y_{mit}$ 和 L_{mit} 分别为 i 地区第 t 年第 m 产业的产值和从业人员。若产业结构偏离度越大，说明产业结构越不合理。另外，该部分同样采用极差变换法将产业结构合理化水平进行逆向指标正向化处理。

由于接下来的第 5 章和第 6 章将对交通基础设施投资和产业结构转型升级的相互作用机制进行分析，而展开分析的前提是本章基于全国样本下得到了交通基础设施投资与产业结构转型升级具有一定相互促进关系的结论。鉴于此，本章在对结论进行稳健性检验时是基于全国样本数据下进行的。根据上述方法重新对产业结构高度化水平和产业结构合理化水平进行衡量之后，稳健性检验的具体步骤为：首先，对产业结构高度化水平和产业结构合理化水平这两个变量进行面板单位根检验，同时为了考察交通基础设施投资、产业结构高度化水平和产业结构合理化水平之间是否存在长期稳定关系需要进行协整检验；其次，基于式（4.1）对 PVAR 模型进行 GMM 估计；最后，基于 GMM 估计结果进行蒙特卡洛 1 000 次模拟之后得到在 95% 的置信区间和观测期为 15 期的脉冲响应结果，同时得到 15 个预测期内的方差分解结果。具体得到的脉冲响应结果和方差分解结果分别如图 4.5 和表 4.12 所示，可知图 4.5 对比图 4.1 中部分变量在受到一个标准差冲击时，对其他变量产生影响的大小程度和时间周期会有一定改变，但影响的总体趋势并没有发生实质性变化；表 4.12 对比表 4.8 中的具体数值虽有所不同，但所得结论并没有发生改变。因此，稳健性检验所得结论与原结论基本保持一致，本章的研究结论比较稳健。

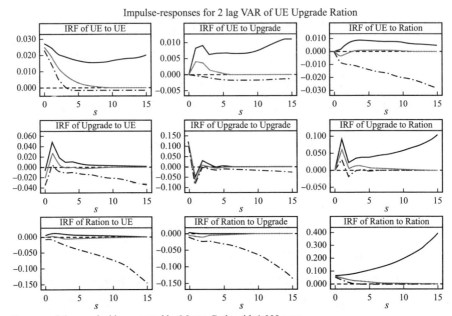

Errors are 5% on each side generated by Monte-Carlo with 1 000 reps

图 4.5　稳健性检验的脉冲响应结果

表 4.12　　　　　　　　　稳健性检验的方差分解结果

响应变量	s	脉冲变量		
		UE	Upgrade	Ration
UE	1	1.000	0	0
Upgrade	1	0.032	0.968	0
Ration	1	0.001	0.005	0.994
UE	2	0.973	0.016	0.011
Upgrade	2	0.052	0.784	0.165
Ration	2	0.001	0.014	0.985
UE	3	0.964	0.025	0.011
Upgrade	3	0.053	0.783	0.164

续表

响应变量	s	脉冲变量		
		UE	Upgrade	Ration
Ration	3	0.001	0.024	0.975
UE	4	0.964	0.025	0.011
Upgrade	4	0.052	0.777	0.171
Ration	4	0.005	0.025	0.970
UE	5	0.963	0.026	0.011
Upgrade	5	0.052	0.772	0.176
Ration	5	0.009	0.027	0.964
UE	6	0.962	0.026	0.012
Upgrade	6	0.052	0.771	0.177
Ration	6	0.013	0.028	0.959
UE	7	0.961	0.026	0.014
Upgrade	7	0.052	0.770	0.179
Ration	7	0.016	0.028	0.956
UE	8	0.960	0.026	0.014
Upgrade	8	0.052	0.769	0.179
Ration	8	0.018	0.029	0.953
UE	9	0.959	0.026	0.015
Upgrade	9	0.052	0.769	0.179
Ration	9	0.019	0.029	0.952
UE	10	0.959	0.026	0.015
Upgrade	10	0.052	0.768	0.179
Ration	10	0.020	0.029	0.951
UE	11	0.959	0.026	0.015
Upgrade	11	0.052	0.769	0.179
Ration	11	0.020	0.029	0.951
UE	12	0.959	0.026	0.015
Upgrade	12	0.052	0.769	0.179

响应变量	s	脉冲变量		
		UE	*Upgrade*	*Ration*
Ration	12	0.021	0.029	0.950
UE	13	0.959	0.026	0.015
Upgrade	13	0.052	0.769	0.179
Ration	13	0.021	0.029	0.950
UE	14	0.958	0.026	0.016
Upgrade	14	0.052	0.769	0.179
Ration	14	0.021	0.029	0.950
UE	15	0.958	0.026	0.016
Upgrade	15	0.052	0.769	0.179
Ration	15	0.021	0.029	0.950

4.5 本章小结

　　本章主要是基于2007～2018年全国样本数据，通过构建 PVAR 模型对交通基础设施投资与产业结构转型升级之间在短期和长期的互动关系进行讨论，并对两者之间的相互作用趋势进行深入分析。由于本书中产业结构转型升级涉及产业结构高度化水平和产业结构合理化水平两个维度，因此在对交通基础设施投资与产业结构转型升级之间相关研究结论进行总结时，会综合考虑交通基础设施投资与产业结构高度化水平、交通基础设施投资与产业结构合理化水平各部分结论。

　　本研究发现，首先，结合短期和长期的互动关系分析结果，全国样本下交通基础设施投资与产业结构转型升级具有显著的相互促进关系，而分地区来看该结果存在异质性情况。东部地区样本下交通基础设施投资对产业结构转型升级没有显著促进作用，相反产业结构转型升级则能显著促进交通基础设施投资水平的提升；中、西部地区样本下均存在交通基础设施投资与产业结构转型升级具有显著的相互促进关系。其次，从长期发展趋势来看，全国样本下交通基础设施投资与产业结构转型升级相互间具有正向促进趋势，而分地区来看该结果同样存在异质性情况。东部地区样本下交通基础设施投资对产业结构转型升级具有一定正向促进趋势，而产业结构转型升级对交通基础设施投资具有负向抑制趋势；中部地区样本下交通基础设施投资与产业结构转型升级相互间具有一定正向促进趋势；西部地区样本下交通基础设施投资对产业结构转型升级具有一定正向促进趋势，但产业结构转型升级对交通基础设施投资几乎没有作用。最后，基于方差贡献率的比较，从交通基础设施投资对产业结构高度化水平的影响程度来看西部地区最高而东部地区最低；从交通基础设施投资对产业结构合理化水平的影响程度来看中部地区最高而西部地区最低；从产业结构高度化水平对交通基础设施投资的影响程度来看东部地区最高而西部地区最低；从产业结构合理化水平对交通基础设施投资的影响程度来看中部地区最高而西部地区最低。具体本章也通过一系列稳健性检验证明了上述结论的可靠性。

第5章

交通基础设施投资对产业结构
转型升级的作用机制

通过第 4 章对交通基础设施投资与产业结构转型升级之间的动态互动关系进行计量分析，得到了在全国样本下两者之间存在相互促进关系的结论。在明确全国范围交通基础设施投资能够有效促进产业结构转型升级的基础之上，有必要进一步对交通基础设施投资影响产业结构转型升级的作用机制进行探究。因此，本章将基于资源要素合理流动和优化配置的视角，首先对交通基础设施投资促进产业结构转型升级的具体作用路径和"一带一路"倡议的实施对其作用路径产生的影响进行机理分析假设，其次通过实证分析方法对相关研究假设是否成立进行检验。

5.1 机理分析与研究假设

当前我国经济发展进入"新常态"，推动经济高质量发展是保持我国经济持续健康发展的必然选择，为全力推动经济发展进行质量、效率和动力变革，国家提出将深化供给侧结构性改革作为经济高质量发展的主线。供给侧结构性改革要解决的根本问题是供给和需求之间出现的不平衡和不协调，主要表现为供给侧对需求侧变化的适应性调整明显滞后。由此当前我国面临着适度扩大总需求的同时还要加快推进供给侧结构性改革的重任，具体改革的关键在于需要以市场需求为导向增加有效供给、以市场化资源配置为导向减少无效供给、以技术创新为导向形成新的有效供给，从而有助于最终实现需求牵引供给、供给创造需求的更高水平动态平衡。而完善的交通基础设施能够有效降低资源要素的流动成本，实现资源要素的自由流动和市场化配置，进而能够有力促进要素生产率的提高。基于资源要素合理流动和优化配置的视角，完善的交通基础设施能够通过缩小城乡收入差距和促进对外贸易等方面扩大国内和国外市场需求水平；完善的交通基础设施能够通过降低产品价格加成、促进产业的分工和集聚、打破市场分割等方面有效缓解和消除企业、行业和地区层面的资源错配；完善的交通基础设施能够通过促进创新要素在区域间自由流动等方面促进技术创新水平的提升。由此可见，交通基础设施在推进供给侧结构性改革过程中发挥着重要作用。作为现代化经济体系的重要组成部分，现代化产业体系是推动经济高质量发展的关键所在，而建设现代化产业体系是以调整产业结构为重点，具体需要通过供给侧结构性改革对传统产业进行改造提升以及创新引领新产业发展来推动产业结构转型升级。综上所述，完善的交通基础设施在有效促进资源要素的自由流动和市场化配置的前提下，通过发挥市场需求导向、市场化资源配置导向和技术创新导向能够加快推进供给侧结构性改革，进而对推动产业结构转型升级形成促进。基于此，本章从资源要素合理流动和优化配置的视角讨论交通基础设施投资促进产业结构转型升级的作用路径。

5.1.1　市场需求水平的中介作用

市场需求在规模和结构等因素方面都会在一定程度上影响产业结构转型升级。从规模层面的影响来看，凯夫斯（Caves）研究表明市场需求增长率是决定产业结构最重要的因素之一。范红忠通过研究指出市场需求规模在一定程度上对实施国家创新基础设施建设和建立产业集群的微观创新环境具有重要影响。李平通过研究发现市场需求会促进国家的研发投入和自主创新能力。郭旭等通过研究得出创新可以是基于市场需求影响的自定义函数，企业对研发经费投入可以依靠有效的市场需求增加进行拉动，当企业迫切期望通过创新获得市场利益最大化时，被激发的创新需求便成为主导内生技术变革的核心因素。从结构层面的影响来看，张中华通过研究得出在市场环境下市场需求结构是形成产业结构的决定性因素，而是否存在国际贸易的产业结构影响主要取决于国内外市场需求结构的变化。卢里（Loury）、马勒巴（Malerba）等通过研究发现需求结构的演变能够有效拉动企业技术创新。沃兹（Worz）基于技术溢出视角对国际贸易是否存在对产业结构的影响进行了探究，研究表明，为促进经济长期平稳增长和推进产业结构优化升级可以依靠技术密集型产品的自由贸易来实现。朱燕通过研究得出要素和产品分别存在供给和需求弹性的贸易结构，可以从这两个方面对产业结构变化产生影响。陈虹通过研究认为对进出口贸易的结构优化有利于产业结构升级。

由于国内市场需求主要受收入和收入分配水平的影响，而国外市场需求则主要受出口贸易的影响[240]。交通基础设施对市场需求的影响主要体现在对内的经济发展和对外的出口贸易方面。交通基础设施建设对经济发展所起的促进作用已得到学者们的广泛共识。交通基础设施建设对进出口贸易产生的影响，国外学者对此进行了深入研究。布哈斯等（Bougheas et al.）、威尔森等（Wilson et al.）和曼基等（Manchin et al.）等基于引力模型普遍得出了贸易流量的增大离不开完善的交通基础设施对其产生的有力促进。究其主要原因在于，交通基础设施的不断发展有利于降低贸易运输成本。李茂和维纳布尔斯（Limao and Venables）研究发现交通基础设施运输成本能够分别解释内陆地区和沿海地区60%和40%的贸易成本。杜瓦尔和尤坎姆（Duval and Utoktham）研究表明交通运输成本同出口贸易存在负向相关关系。简科夫等（Djankov et al.）研究发现商品经由货仓运输至货船的时间倘若推迟一天将会损失贸易额的1%。贝伦斯（Behrens）研究表明贸易流量能否增加取决于交通运输成本的高低，完善的交通基础设施能够有利贸易流量的增加和区域经济的平衡发展。单纯考虑交通基础设施的出口贸易影响，同样具有促进效应。埃德蒙兹和藤村（Edmonds and Fujimura）研究发现公路基础设施建设存在对出口贸易的显著影响，其中跨境公路基础设施使国家平均出口弹性超过4%。爱德华兹和奥登达尔（Edwards and Odendaal）研究表明国家之间依靠交通基础设施联通开展贸易往来，其交通基础设施建设水平的高低对运输成本的影响程度最大，进而会对国家出口贸易产生直接影响。马丁库斯等（Martincus et al.）为了解决模型设定中关于国内交通基础设施可能存在内生性问题，为此在模型中加入了智利在2010年发生的地震作为外生冲击以进行解决，研究表明交通基础设施在地震中遭受损害后会对出口产品贸易存在显著负面作用。国内学者自"一带一路"倡议提出以来便开始陆续关注交通基础设施存在的贸易影响。刘伦武研究发现我国长期保持着交通基础设施建设同对外贸易增长的平衡发展关系。陈丽丽等通过研究得出交通基础设施的改善能够有利于贸易运输成本的降低，进而有助于扩大贸易规模。何敏等研究发现对中国与东盟之间进行交通基础设施建设会对双方开展贸易合作产生积极促进作用。综上所述，交通基础设施建设能够对市场需求产生积极促进作用，市场需求又在一定程度上影响产业结构转型升级。由此本章提出研究假设 H5 - 1：

H5 - 1：交通基础设施投资可以通过扩大市场需求促进产业结构转型升级。

5.1.2 资源配置水平的中介作用

一直以来，我国为取得经济快速增长，主要依靠大规模的资源要素投入并以此为基础形成积累，但是如此粗放式的经济增长模式并不能满足经济高质量发展对资源要素合理配置的要求，从而导致了经济发展过程中出现资源配置效率低下的问题，具体表现就是在各地区、行业及部门之间出现日益严重的资源错配现象，对我国经济可持续发展形成制约。其中，

"资源错配"呈现的是与资源"有效配置"截然相反的情况，其中"有效配置"在经济学中可以解读为在现实中即使资源投入有限仍得到相对最大产出时的配置效率，而"资源错配"恰好与之相反，是对最优配置状态的偏离[261]。具体资源错配形成的原因主要归结为制度性软环境因素和交通基础设施类硬环境因素[262]。虽然现阶段对造成资源错配的影响因素分析主要基于制度角度，不过最近关于交通基础设施建设影响资源错配的相关讨论也有所增加。阿斯图里亚斯等（Asturias et al.）通过探究在印度进行交通基础设施建设是否存在对资源配置效率和劳动者收入差异方面的影响，结果表明行业聚集程度和企业市场控制力在交通基础设施影响资源配置效率的过程中发挥着中介作用。格哈尼等（Ghani et al.）探究了改造升级后的印度金四角公路是否对制造业相关活动形成影响，研究表明交通基础设施建设的确可以对该地区资源配置效率有所提升。此外，国内学者也开始进行相关方面研究。周海波等基于我国工业企业数据对我国制造业的资源错配程度进行测算，据此分析交通基础设施与地区资源配置效率两者间的内在关联，得出交通基础设施发展不平衡是形成地区之间资源错配的根本原因之一，因此可以在交通基础设施建立完善的基础上充分发挥其产业结构调整作用、分工精度提升作用和市场分割消除作用来有效缓解和消除资源错配。张天华等利用我国制造业企业数据进行企业资源错配程度测算，以及采用我国高速公路建设的相关数据分析我国交通基础设施在企业中存在的资源配置效率影响，研究表明进行交通基础设施建设具有积极改善企业资源配置效率的作用，并发现影响因素主要为行业集中度和价格加成等。张陈一轩等对自改革开放多年来交通基础设施投资是否存在要素错配影响进行探究，研究表明交通基础设施投资可以借助其对要素自由流动、营商环境优化和产业结构升级的推动作用对改善地区要素错配现象产生积极促进作用。步晓宁等将制造业中间投入品纳入资源要素范围，探讨我国高速公路建设对工业企业资源配置效率的影响情况，研究发现我国高速公路建设具有较高的企业资源配置效应。张召华等通过研究高铁建设对工业企业资源配置的影响，得出交通基础设施能够改善企业的资源错配程度。李兰冰等研究发现非中心城市在提升制造业资源配置效率的过程中离不开高速公路通达性因素的积极推动。可见，现有研究普遍得出交通基础设施投资有助于提高企业层面、行业层面和地区层面资源配置效率。

资源配置是产业结构转型升级的根本原因之一，关于交通基础设施通过提升资源配置效率影响产业结构转型升级，已有少数研究予以证实。黎绍凯等研究发现在地区开通高铁对实现劳动力自由流通和资本不断积累具有积极促进作用，同时高铁开通在此基础上能够有力推动产业结构进行转型升级。关于交通基础设施投资通过提升资源配置效率影响产业结构转型升级主要体现在交通基础设施投资通过降低综合成本加快了本地区在资源要素集聚及合理配置方面由较低水平向较高水平的转变，从而实现地区产业结构转型升级。就劳动力要素而言，交通基础设施投资降低了出行成本，使劳动力流动更为便捷和高效，进而有助于地区产业结构获得更匹配的劳动力并且优质的劳动力资源有利于产业结构实现由过去劳动密集型向资本和技术密集型的跨越发展，从而实现地区产业结构转型升级。就资本要素而言，由于资本流通基于一定的市场化原则，不仅会向更高生产效率和投资回报率的产业集聚，而且还会流向经济发展具有较高潜力的产业，进而有利于产业重新布局、整合以及从低附加值产业向高附加值产业的转变，最终促进产业结构转型升级。由此本章提出研究假设 H5 - 2：

H5 - 2：交通基础设施投资可以通过改善资源错配促进产业结构转型升级。

5.1.3　技术创新水平的中介作用

过去我国经济的高速增长主要依靠要素驱动和投资驱动，虽然我国依靠粗放型经济发展模式取得了令人瞩目的经济发展成就，但却日益暴露出经济增速减慢、要素成本上升、产能过剩、高耗能和高排放等问题，这表明当前我国产业结构问题突出，并将影响到今后我国经济的可持续发展。随着我国经济发展进入"新常态"，发展的关注点从总量经济转变为经济结构对称的稳增长经济，创新也成为经济发展新的增长动力。经济结构优化的关键在于产业结构优化，而技术创新则是实现产业结构转型升级的核心力量。学者们为探究技术创新如何对产业结构转型升级形成影响，即其内在作用机理怎样展开了广泛讨论。吴继英和孙晓阳、林春燕和孔凡超研究发现为实现产业结构转型升级技术创新发挥了积极推动作用。关于技术创新如何实现产业结构转型升级的内在作用机理，一方面基于供需角度技术创新存在对产业投入产出和资源配置效率方面的影响，从而形成对产业结构转型升级的积极促进作用。从供给层面来看，一是技术创新能够促进劳动力开展有效分工，形成劳动力就业结构调整优化，推动劳动力在不同行业间自由流动，实现劳动力的资源优化配置，成为依靠技术创新实现产业结构转型升级的有效作用路径；二是技术创新会对各行业劳动生产率产生异质性影响，技术创新导致较高劳动生产率的行业自然会获取到更高利润，同时形成的资源要素流动会进一步对产业结构变化形成促进。从需求层面来看，借助需求结构调整的中间作用技术创新能够形成对产业结构的间接影响。基于需求诱导得到快速发展的某行业，为了保持一定规模的产出，同时为了取得竞争优势而努力改善和提高产品和服务质量，该行业中的企业必然会加大技术研发投入，进而促进产业结构转型升级[275,276]。另一方面，技术创新与其他因素形成联动，形成促进产业结构转型升级的联动效应。易信等研究发现充分发挥技术创新在结构和水平两个维度效应能够有效推动金融发展对产业结构转型升级的积极影响。丁一兵等研究表明依靠放松企业的融资约束有利于实现技术创新，进而对产业结构转型升级形成积极促进作用。龚轶等[279]研究提出利用技术创新分别对物质资本和劳动生产力产生的节约和促进作用能够积极推动产业结构转型升级。时乐乐等通过研究发现高强度的环境规制通过倒逼技术创新进而有助于推动产业结构转型升级。

交通基础设施对技术创新的促进作用集中体现于资本效应和溢出效应[281]，其中资本效应表现在对交通基础设施进行投资本身就是一种资本积累过程，以资本存量一项存在于生产函数，而实物资本积累有助于技术创新水平的提升[282]。溢出效应体现在：一是交通基础设施建设实现了区域可达性，在有效降低运输交易成本的前提下积极促进了创新要素在区域间自由流动的实现和创新活动的广泛开展[283]；二是交通基础设施建设强化了区域经济关联度，拓展了区域边界，有利于加快区域间资源要素等竞争性投入的自由流动和促进产业的分工和集聚，进而形成创新[284]；三是交通基础设施建设促进了共享投入要素在区域间形成扩散和交流，在产生知识溢出的基础上强化了创新学习效应[285]。综上所述，交通基础设施建设能够对技术创新产生积极促进作用，技术创新又能有效推进产业结构实现转型升级，由此本章提出研究假设 H5 – 3：

H5 – 3：交通基础设施投资可以通过进行技术创新促进产业结构转型升级。

5.1.4　"一带一路"倡议的调节作用

基于对市场开放环境的考虑，市场需求被划分为国内和国外两个部分。其中，国内市场需求主要受收入和收入分配水平的影响，而国外市场需求则主要受出口贸易的影响[240]。交通基础设施对市场需求的影响主要体现在对内的经济发展和对外的出口贸易方面。尤其是"一带一路"倡议提出以来，交通基础设施的完善有助于加强贸易双方的交流与合作，因而成为"一带一路"建设的优先领域和重要着眼点，其对国内经济发展和对外贸易扩大产生了更加积极的影响。其中交通基础设施对出口贸易方面的影响，崔岩等研究表明"一带一路"沿线国家实现交通基础设施质量提升会拉动我国出口贸易的显著增加。张艳艳等研究发现"一带一路"沿线国家是否具有完善的交通基础设施会显著影响我国的出口贸易增长，尤其是促进沿线经济落后国家进行交通基础设施建设有助于地区经济增长和扩大进口贸易需求，从而有利于我国对"一带一路"沿线国家的出口贸易。综上所述，本章提出研究假设 H5 – 4a：

H5 – 4a："一带一路"倡议在交通基础设施投资与市场需求水平之间

起正向调节作用。

林毅夫等通过研究表明，在发展中国家进行大规模交通基础设施建设能够有效降低资源错配发生在企业间的可能性。罗能生等也指出，交通基础设施的大规模投资建设能够有效改善各省区市城乡之间的资源配置不平等，并且能够缩小城乡收入差距。但现实情况是我国在中长期的经济发展过程中普遍存在包括交通在内的基础设施规划不充分以及布局不合理的问题，由此直接导致资源配置效率低下的问题。因此完善交通基础设施建设对运输成本的降低、经济活动范围的扩大和专业化分工水平的提高具有积极促进作用，为生产要素在地区间自由流动及资源要素的合理配置奠定了一定的物质基础。尤其是共建"一带一路"倡议提出以来，交通基础设施作为经济发展的重要基础，一直被视为优先的重点建设领域，这对现有资源错配问题的改善和沿线经济一体化协调发展目标的实现具有积极促进作用。综上所述，本章提出研究假设 H5-4b：

H5-4b："一带一路"倡议在交通基础设施投资与改善资源错配之间起正向调节作用。

综合交通基础设施网络的日趋完善，可以有效降低运输成本促进空间可达性的提高，这有利于实现技术创新要素的自由流动和进一步形成技术创新的跨区域溢出[289]。"一带一路"倡议提出以来，交通基础设施建设获得了快速发展，有力推动了沿线地区间的贸易往来，促进了沿线地区的技术创新外溢，并且增强了沿线落后地区对技术创新要素的可获得性。综上所述，本章提出研究假设 H5-4c：

H5-4c："一带一路"倡议在交通基础设施投资与技术创新水平之间起正向调节作用。

根据上述机理分析与研究假设，本章构建了交通基础设施投资影响产业结构转型升级的作用机制框架，具体如图5.1所示。

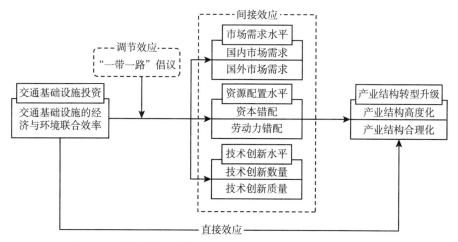

图 5.1　交通基础设施投资影响产业结构转型升级的作用机制

5.2　相关模型设定

通过第 4 章研究发现，从全国来看交通基础设施投资水平的提升能够在一定程度上促进产业结构转型升级。并且基于上述机理分析，交通基础设施投资可以通过扩大市场需求、改善资源错配和进行技术创新三条中介路径间接促进产业结构转型升级，因此本章通过构建并行多重中介效应模型对以上研究假设进行检验。此外，为了探究在交通基础设施投资影响具体中介变量的过程中是否受到"一带一路"倡议的正向调节，本章又构建了有调节的中介效应模型进行考察。构建模型如下。

5.2.1　中介效应模型

$$Md_{it} = a_0 + a_1 UE_{it-1} + a_2 X_{it-1} + \gamma_t + \mu_i + \varepsilon_{it} \qquad (5.1)$$

$$Res_{it} = b_0 + b_1 UE_{it-1} + b_2 X_{it-1} + \gamma_t + \mu_i + \varepsilon_{it} \qquad (5.2)$$

$$Tec_{it} = c_0 + c_1 UE_{it-1} + c_2 X_{it-1} + \gamma_t + \mu_i + \varepsilon_{it} \qquad (5.3)$$

$$Ins_{it} = d_0 + d_1 UE_{it-1} + d_2 Md_{it-1} + d_3 Res_{it-1} + d_4 Tec_{it-1} + d_5 X_{it-1} + \gamma_t + \mu_i + \varepsilon_{it}$$

$$(5.4)$$

其中，i 和 t 分别为地区和年份；UE 为交通基础设施投资水平；Ins 为产业结构转型升级水平；Md 为市场需求水平；Res 为资源配置水平；Tec 为技术创新水平；X 为控制变量；γ_t 为时间固定效应；μ_i 为地区固定效应；ε_{it} 为随机误差项。为避免模型中被解释变量和解释变量之间存在的反向因果关系，本章对解释变量和控制变量均作滞后一期处理。市场需求水平的中介效应为 $a_1 d_2$，资源配置水平的中介效应为 $b_1 d_3$，技术创新水平的中介效应为 $c_1 d_4$。

5.2.2　有调节的中介效应模型

$$Md_{it} = e_0 + e_1 UE_{it-1} + e_2 silkroad_i \times post_{t-1} + e_3 UE_{it-1} silkroad_i \times post_{t-1}$$
$$+ e_4 X_{it-1} + \gamma_t + \mu_i + \varepsilon_{it} \qquad (5.5)$$

$$Res_{it} = f_0 + f_1 UE_{it-1} + f_2 silkroad_i \times post_{t-1} + f_3 UE_{it-1} silkroad_i \times post_{t-1}$$
$$+ f_4 X_{it-1} + \gamma_t + \mu_i + \varepsilon_{it} \qquad (5.6)$$

$$Tec_{it} = g_0 + g_1 UE_{it-1} + g_2 silkroad_i \times post_{t-1} + g_3 UE_{it-1} silkroad_i \times post_{t-1}$$
$$+ g_4 X_{it-1} + \gamma_t + \mu_i + \varepsilon_{it} \qquad (5.7)$$

$$Ins_{it} = h_0 + h_1 UE_{it-1} + h_2 Md_{it-1} + h_3 Res_{it-1} + h_4 Tec_{it-1} + h_5 silkroad_i \times post_{t-1}$$
$$+ h_6 UE_{it-1} silkroad_i \times post_{t-1} + h_7 X_{it-1} + \gamma_t + \mu_i + \varepsilon_{it} \qquad (5.8)$$

其中，$silkroad \times post$ 为倡议虚拟变量，作为模型的调节变量。其他变量含义与式（5.1）~式（5.4）一致。同样为避免模型中被解释变量和解释变量之间存在的反向因果关系，本章对解释变量和控制变量均作滞后一期处理。在"一带一路"倡议的调节作用下，市场需求水平的有调节的中介效应为 $h_2(e_1 + e_3 silkroad_i \times post_{t-1})$，资源配置水平的有调节的中介效应为 $h_3(f_1 + f_3 silkroad_i \times post_{t-1})$；技术创新水平的有调节的中介效应为 $h_4(g_1 + g_3 silkroad_i \times post_{t-1})$。

为降低多重共线性，本章利用极差标准化方法对变量交通基础设施投资、市场需求水平、资源配置水平、技术创新水平、产业结构高度化水平和合理化水平进行标准化处理，之后再构造交通基础设施投资和倡议虚拟变量的交互项。另外，由于虚拟变量做调节变量并不需要对其进行标准化，因此该部分并未对倡议虚拟变量做标准化处理。极差标准化方法的具体公式为：

$$正向指标标准化\ x'_{ijt} = \frac{x_{ijt} - x_{j\min}}{x_{j\max} - x_{j\min}} \tag{5.9}$$

$$负向指标标准化\ x'_{ijt} = \frac{x_{j\max} - x_{ijt}}{x_{j\max} - x_{j\min}} \tag{5.10}$$

其中，i、t 和 j 分别为地区、年份和具体变量；$x_{j\max}$ 和 $x_{j\min}$ 分别为变量的最大值和最小值；x_{ijt} 和 x'_{ijt} 分别为变量标准化处理前和处理后的值。

5.3　变量选取和数据来源

本章收集了除西藏、港澳台地区外的全国 30 个省区市 2007～2018 年的面板数据。各变量的具体选取情况及数据来源如下。

5.3.1　被解释变量（*Ins*）

基于研究目的，选取产业结构转型升级作为解释变量，考虑到对产业结构转型升级（*Ins*）从两个维度进行衡量，因此将产业结构高度化水平（*Upgrade*）和产业结构合理化水平（*Ration*）分别作为被解释变量进行讨论。产业结构高度化与产业结构合理化的内在含义和具体衡量方法已在第 3 章中进行过详细介绍，对此本章不再进行赘述。关于两个变量进行计算时所需的数据，均来源于中国和各省区市《统计年鉴》，具体数据收集了除西藏、港澳台地区外的全国 30 个省区市 2007～2018 年的面板数据。另外，本章利用极差标准化方法对产业结构合理化水平进行的标准化处理实现了对产业结构合理化水平的逆向指标正向化处理。

5.3.2 解释变量（*UE*）

本章是运用交通基础设施投资同经济与环境综合发展之间的投入产出比，即运用交通基础设施的经济与环境联合效率对交通基础设施投资水平进行测度，通过选择 RAM 模型并采用 MAXDEA 软件予以实现，由于 RAM 模型公式已在第 3 章中进行过详细介绍，本章只对该模型中涉及的指标和数据来源进行简单回顾。关于指标选取，具体以劳动力、资本存量和能源消耗作为投入指标，以交通运输业发展所带来的期望产出和非期望产出作为产出指标。关于数据来源，相关指标在处理过程中所需数据的来源已在第 3 章中进行过详细介绍，此处不再赘述；具体数据收集了除西藏、港澳台地区外的全国 30 个省区市 2007~2018 年的面板数据。

5.3.3 中介变量

（1）中介变量一：市场需求水平（*Md*）。

为了考察"一带一路"背景下交通基础设施投资可以通过扩大市场需求促进产业结构转型升级，本章借鉴李平将市场需求分为国内和国外两个部分。其中，国内市场需求规模使用各地区居民消费水平进行衡量，国外市场需求规模使用各地区出口贸易额进行衡量。所涉变量数据为除西藏、港澳台地区外的全国 30 个省区市 2007~2018 年的面板数据，具体来源于《中国统计年鉴》。我国整体国内外市场需求水平增速情况如图 5.2 所示，可知居民消费水平增速和出口贸易额增速都在 2012 年之前经历过较大起伏的变化，但之后居民消费水平增速保持平稳，出口贸易额增速呈现波动增长趋势。

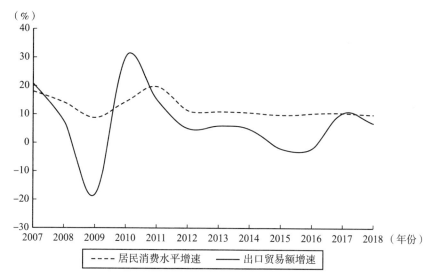

图 5.2　2007～2018 年全国整体居民消费水平增速和出口贸易额增速

　　自改革开放以来，随着我国经济社会的加速发展，城乡居民生活水平得到显著提高，居民人均可支配收入持续快速增加，不仅居民消费水平持续提高，而且消费结构也有了明显改善，据国家统计局相关数据显示，2018 年全国居民恩格尔系数为 28.4%，相比 1978 年的 57.5% 下降了29.1%，表明居民人均食品支出比重出现明显下降；与此同时，2018 年全国居民人均在生活用品及服务、居民人均交通通信、教育文化娱乐和其他用品及服务方面的总消费支出占人均消费支出的比重为 29.7%，回顾往年数据该比重呈连年增长态势，由此可见我国居民消费特点已经从过去追求数量、物质和生存转变为追求质量、精神和发展。改革开放以来，我国对外贸易发展迅速，出口贸易不仅出口总额大幅度增加，而且出口的商品结构不断优化，据国家统计局相关数据显示，1978 年全国货物出口总额仅为 167.65亿元，而到了 2018 年全国货物出口总额已经增长到 164 127.81 亿元，前者仅为后者的 0.1%，前后发展差距巨大，值得一提的是，受 2008 年全球金融危机的影响，我国出口在 2009 年出现了罕见的负增长，之后随着 2010 年全球经济的复苏和我国有效的宏观调控举措，出口又重新实现大幅增加，但由于国内劳动力成本不断上升和人民币有所升值等因素导致贸易成本的不断攀升致使我国出口增速明显放缓；初级产品所占的出口份额由 20 世纪 80 年代初的 50.3% 大幅下降至 2018 年的 5.43%，而相同时期工业制成品则由 49.7% 大幅上升至 94.57%，具体在工业制成品中劳动密集型的商品出口比重呈逐年下降趋势，而资本和技术密集型的商品出口比重则呈持续上升态势，可参见海关总署相关数据统计的 2018 年我国机电产品出口贸易额为 9.65 万亿元，不仅同比增长 7.9% 而且占据我国出口总值的 58.8%，其中汽车和手机的出口贸易额同比分别增长 8.3% 和 9.8%。

分地区居民消费水平和出口贸易额如图 5.3 和图 5.4 所示。由图 5.3 可知，东、中、西部地区的居民消费水平都具有逐年上升趋势。东部地区的居民消费水平最高，每年几乎占据全国居民消费水平的一半；西部地区的居民消费水平与中部地区相当。由图 5.4 可知，东、中、西部地区的出口贸易额总体呈现出波动增加态势。东部地区的出口贸易额远远超过中、西部地区出口贸易额的总和。由此来看，居民消费水平和出口贸易额均呈现出区域发展不平衡现象，未来中、西部地区还需努力提升居民消费水平和促进出口贸易增加。

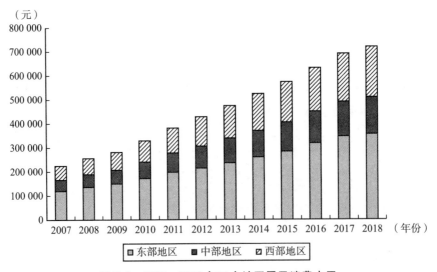

图 5.3　2007~2018 年三大地区居民消费水平

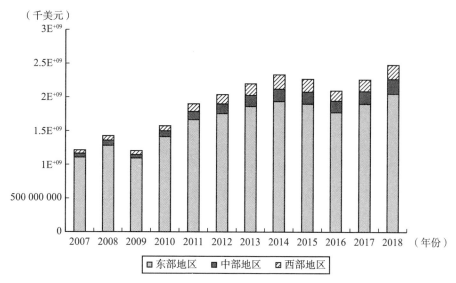

图 5.4　2007～2018 年三大地区出口贸易额

（2）中介变量二：资源配置水平（Res）。

为了考察"一带一路"背景下交通基础设施投资可以通过改善资源错配促进产业结构转型升级，本章基于谢等（Hsieh et al.）[262] 提出的资源错配理论框架并借鉴陈永伟等相关研究中利用资本错配指数（τ_{Ki}）和劳动力错配指数（τ_{Li}）对地区产生的资源错配程度进行衡量。具体两个错配指数的计算公式如下：

$$\tau_{Ki} = \frac{1}{\gamma_{Ki}} - 1, \quad \tau_{Li} = \frac{1}{\gamma_{Li}} - 1 \tag{5.11}$$

其中，γ_{Ki} 和 γ_{Li} 分别为地区 i 的资本和劳动力价格绝对扭曲系数，表示的是资本和劳动力价格在不存在扭曲时的加成状况，体现了资本和劳动力的使用成本绝对值信息。在实际测算过程中可以利用价格相对扭曲系数进行代替，体现了资本和劳动力使用成本的相对信息，具体计算公式如下：

$$\hat{\gamma}_{ki} = \left(\frac{K_i}{K} \right) \bigg/ \left(\frac{s_i \beta_{Ki}}{\beta_K} \right), \quad \hat{\gamma}_{Li} = \left(\frac{L_i}{L} \right) \bigg/ \left(\frac{s_i \beta_{Li}}{\beta_L} \right) \tag{5.12}$$

其中，$\frac{K_i}{K}$ 为地区 i 使用的资本占资本总量的比重，$\frac{s_i \beta_{Ki}}{\beta_K}$ 为资本得到有效配

置时地区 i 使用资本的理论比例，两者的比值可以衡量地区 i 的资本错配程度：若该比值大于 1 则表明地区 i 的资本要素的实际配置高于有效配置时的理论水平，此时资本配置过度；反之若该比值小于 1 则表明地区 i 的资本要素的实际配置低于有效配置时的理论水平，此时资本配置不足。s_i 为地区 i 的产出占产出总量的份额；β_{Ki} 为地区 i 的资本产出弹性；$\beta_K = \sum_i^N s_i \beta_{Ki}$ 为产出加权的资本贡献值。同理，$\dfrac{L_i}{L}$ 为地区 i 使用的劳动力占劳动力总量的比重，$\dfrac{s_i \beta_{Li}}{\beta_L}$ 为劳动力得到有效配置时地区 i 使用劳动力的理论比例，这两者的比值可以衡量地区 i 的劳动力错配程度：若该比值大于 1 则表明地区 i 的劳动力要素的实际配置高于有效配置时的理论水平，此时劳动力配置过度；反之若该比值小于 1 则表明地区 i 的劳动力要素的实际配置低于有效配置时的理论水平，此时劳动力配置不足。β_{Li} 为地区 i 的劳动力产出弹性；$\beta_L = \sum_i^N s_i \beta_{Li}$ 为产出加权的劳动力贡献值。

具体资本和劳动力产出弹性 β_{Ki} 和 β_{Li} 需要利用生产函数进行估计。假设生产函数是具有规模报酬不变的 Cobb – Douglas 生产函数：

$$Y_{it} = A K_{it}^{\beta_{Ki}} L_{it}^{1-\beta_{Ki}} \tag{5.13}$$

对式 (5.13) 两边同时取自然对数后，在模型中添加时间固定效应 γ_t 和地区固定效应 μ_i，得到如下公式：

$$\ln(Y_{it}/L_{it}) = \ln A + \beta_{Ki}\ln(K_{it}/L_{it}) + \gamma_t + \mu_i + \varepsilon_{it} \tag{5.14}$$

其中，产出变量 (Y_{it}) 用各地区 GDP 表示，为剔除价格因素的影响本章采用地区生产总值指数将其调整为以 2007 年为基期的不变价格数据。劳动力投入量 (L_{it}) 用各地区年末从业人员表示。资本投入量 (K_{it}) 用各地区固定资本存量表示，关于资本存量的测度，本章利用永续盘存法对其进行了估算，具体借鉴了张军等[221]的处理方法。计算公式如式 (5.15) 所示，K_{it-1} 表示 i 地区上一期的实际资本存量；I_{it} 表示 i 地区当期实际投资水平；δ 为折旧率，参照张军等取值为 9.6%。产出变量和资本投入量的数据来源于《中国统计年鉴》，劳动力投入量的数据来源于各省区市

《统计年鉴》和《统计公报》。所涉变量数据均为除西藏、港澳台地区外的全国 30 个省区市 2007～2017 年的面板数据。

$$K_{it} = I_{it} + (1 - \delta_{it}) K_{it-1} \qquad (5.15)$$

本章利用除西藏、港澳台地区外的全国 30 个省区市 2007～2018 年的面板数据对式（5.14）进行回归估计，进而得到各地区的资本和劳动力产出弹性。由于各地区经济和技术水平等方面存在差异导致资本和劳动力产出弹性可能会不同，选择变截距和变斜率的变系数面板模型可能较为合理，因此本章借鉴白俊红等运用最小二乘虚拟变量法（LSDV）对各地区资本和劳动力产出弹性进行估计。在估计出各地区的资本和劳动力产出弹性之后，对式（5.11）和式（5.12）进行计算求得各地区资本和劳动力错配指数 τ_{Ki} 和 τ_{Li}。由于可能存在资源配置过度 $\tau<0$ 和资源配置不足 $\tau>0$ 的两种情况，为了使回归方向一致以便于变量间作用解释，本章借鉴季书涵等对资本错配指数 τ_{Ki} 和劳动力错配指数 τ_{Li} 进行绝对值处理，两者数值越大表明资源错配情况越严重。一般来说，当解释变量的估计系数为负时，即解释变量与资源错配指数反方向变动时，有助于改善资源错配情况；相反地，当解释变量的估计系数为正时，即解释变量与资源错配指数同方向变动时，会加剧资源错配情况。

为对现阶段我国资源配置情况做重点了解，特别汇总了 2018 年我国各地区劳动力错配指数和资本错配指数，具体如表 5.1 所示。可知我国整体不论是劳动力要素市场还是资本要素市场都存在一定程度的资源错配情况，具体东、中、西部地区的资源错配分布又存在显著差别。东部地区中的大部分省市资本错配程度较轻，但却存在较为严重的劳动力错配情况，其中劳动力错配主要是以正向错配为主，如北京、天津、辽宁、上海、江苏，表明了劳动力资源配置有所不足。而中、西部地区的资源错配情况则呈现出与东部地区相反的情况，中、西部地区中的大部分省区市具有较轻的劳动力错配程度，但资本错配情况却较为严重，其中西部地区大部分省区市存在的劳动力错配及资本错配均是以负向错配为主，如江西、陕西、青海、宁夏，表明了劳动力和资本配置有所过剩。对于东部地区而言，东部地区基于较高的市场化水平可以积极促进资本进行有效的市场化配置，因此其资本错配程度较低；由于东部地区高速的经济发展会产生较大的劳动力需求，但要实现地区间劳动力的自由流动还存在一定障碍，因此其劳动力配置相对于经济发展需求而言还未实现最优配置。对于中、西部地区而言，国家为了推动区域之间实现均衡协调发展，通过实施"西部大开发"和"中部崛起"等区域发展战略以缩小中、西部地区与东部地区的发展差距，但由于中、西部地区发展基础薄弱，对其进行大规模资本投入所产生的边际产出水平在短时期内并不理想，而且中、西部地区为积极促进经济发展急需高层次人才引进，但是客观情况是劳动力市场不乏素质水平较低者，但高端劳动力却极为缺乏，这些都导致了劳动力和资本超出现有发展需求的有效配置。

表 5.1　　2018 年全国各地区劳动力错配指数和资本错配指数

地区		资本错配指数	劳动力错配指数	地区		资本错配指数	劳动力错配指数
东部	北京	-0.096	0.581	西部	内蒙古	0.068	0.247
	天津	-0.205	1.088		广西	-0.272	-0.375
	河北	-0.242	-0.065		重庆	0.043	-0.091
	辽宁	-0.191	0.475		四川	0.092	-0.299
	上海	0.096	1.459		贵州	0.349	-0.568
	江苏	-0.307	0.555		云南	-0.332	-0.452
	浙江	0.192	0.267		陕西	-0.330	-0.192
	福建	0.035	0.359		甘肃	-0.281	-0.524
	山东	0.143	0.207		青海	-0.425	-0.297
	广东	-0.604	0.175		宁夏	-0.570	-0.397
	海南	0.378	-0.247		新疆	-0.518	0.099

续表

地区		资本错配指数	劳动力错配指数	地区	资本错配指数	劳动力错配指数
中部	山西	− 0.379	0.298			
	吉林	− 0.224	0.044			
	黑龙江	0.260	0.193			
	安徽	0.315	− 0.352			
	江西	− 0.349	− 0.268			
	河南	− 0.248	− 0.324			
	湖北	0.094	− 0.002			
	湖南	0.067	− 0.156			

（3）中介变量三：技术创新水平（*Tec*）。

为了考察"一带一路"背景下交通基础设施投资可以通过技术创新促进产业结构转型升级，本章从技术创新数量和技术创新质量两个方面来衡量技术创新水平。借鉴袁航对创新数量和创新质量的定义，技术创新数量是指基于研发人员和经费等创新要素投入，经过一系列的研发生产过程，最终得到的创新成果产出数量，具体使用国内专利申请授权数量进行衡量；技术创新质量是指一项技术创新在被用于满足多层次消费需求的产品研发生产之后，能够凭借上市交易获取一定经济效益的程度，具体使用地区高技术产业新产品销售收入对地区生产总值所占比重进行衡量。同时为削弱数据的异方差性，技术创新数量为自然对数取值。所涉变量数据为除西藏、港澳台地区外的全国 30 个省区市 2007—2018 年的面板数据，具体来源于《中国统计年鉴》和《中国科技统计年鉴》。我国技术创新数量和技术创新质量情况分别如图 5.5 和图 5.6 所示。由图 5.5 可知，全国的国内专利申请授权数量具有急剧上升趋势，但是区域间却存在较大差异；分地区来看，东部地区是大部分专利申请授权数量集中的地区，中、西部地区专利申请授权数量虽然有所增长但与东部地区还存在较大

差距。由图 5.6 可知,全国的高技术产业新产品销售收入占 GDP 的比重
呈现波动上升态势,但区域间同样也存在明显差异;东、中、西部地区
的高技术产业新产品销售收入占 GDP 比重的发展与全国相似,都具有
波动上升趋势,但各地区关于高技术产业新产品销售收入占 GDP 的比
重排序,由高到低依次为东部地区、中部地区、西部地区,且数值上东
部地区要远高于中、西部地区。综上所述,国家层面的技术创新无论在
数量上还是质量上都取得了显著发展成果,但仍存在区域发展不平衡的
情况,这可能与地区科技创新领域的资金投入、高科技人才引进、共享
平台构建和政策支持力度等方面存在紧密联系,而东部地区在这些方面
的支撑能力无疑是最强的,相应的技术创新能力也最为突出,相比之
下,中、西部地区的技术创新任重道远,未来还需要进一步优化区域间
的科技资源配置,加强区域间技术创新合作力度,实现东、中、西部地
区技术创新协调发展。

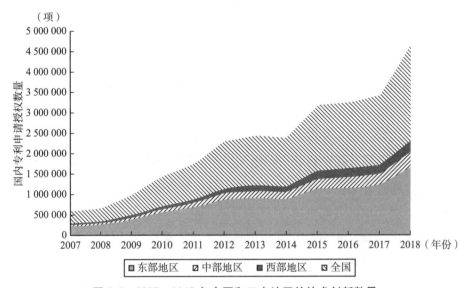

图 5.5　2007~2018 年全国和三大地区的技术创新数量

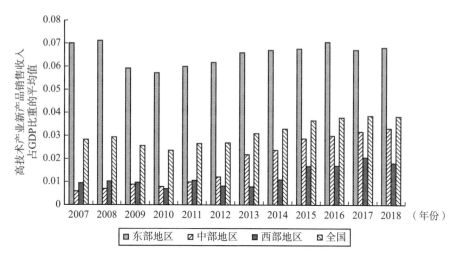

图 5.6　2007～2018 年全国和三大地区的技术创新质量

　　为了便于中介效应分析和有调节的中介效应分析，本章将衡量一个中介变量的多维度变量整合成一个变量进行讨论，具体将国内市场需求规模和国外市场需求规模两个维度变量整合成一个变量对市场需求水平进行衡量，将资本错配指数和劳动力错配指数两个维度变量整合成一个变量对资源配置水平进行衡量，将技术创新数量和技术创新质量两个维度变量整合成一个变量对技术创新水平进行衡量。整合变量的过程中需要对多维度变量赋予权重，本章基于结果的客观性考虑，利用熵值法以各变量观测值所呈现出的信息大小为依据来确定变量权重。在对维度变量进行过极差标准化后，具体利用熵值法将一个中介变量的多维度变量整合成一个变量的计算过程为：

首先，计算维度变量的信息熵，计算公式：$e_j = -k \sum_{t=1}^{T} \sum_{i=1}^{m} p_{ijt} \ln p_{ijt}$。其中 i、t

和 j 分别为地区、年份和具体变量；$p_{ijt} = x'_{ijt} / \sum_{t=1}^{T} \sum_{i=1}^{m} x'_{ijt}$；$k = \dfrac{1}{\ln mT} > 0$，常

数 k 与研究样本的地区和年份有关；$e_j > 0$。若维度变量的离散程度越高，则其对合成变量的影响就越大，熵值就越小。其次，计算维度变量的差异系数，计算公式：$g_j = 1 - e_j$。若取值越大则维度变量越重要。最后，计算

权重，计算公式：$w_j = g_j \Big/ \sum_{j=1}^{n} g_j$。其中 $0 \leqslant w_j \leqslant 1$，$\sum_{j=1}^{n} w_j = 1$。具体本章得到的衡量各中介变量的维度变量的信息熵及对应的权重系数如表 5.2 所示。

表 5.2　　　　　　　　　　维度变量的信息熵和权重

中介变量	维度变量	信息熵	权重系数
市场需求水平（Md）	国内市场需求规模	0.915	0.330
	国外市场需求规模	0.827	0.670
资源配置水平（Res）	资本错配指数	0.988	0.226
	劳动力错配指数	0.958	0.774
技术创新水平（Tec）	技术创新数量	0.873	0.525
	技术创新质量	0.885	0.475

5.3.4　调节变量（$silkroad \times post$）

基于上述机理分析，交通基础设施投资可以通过市场需求水平、资源配置水平和技术创新水平三个中介变量对产业结构转型升级产生影响，而且中介过程的前半路径，即交通基础设施投资对三个中介变量产生影响的路径，受到"一带一路"倡议的正向调节，因此选取倡议虚拟变量作为调节变量进行检验。具体变量选取分组与分期虚拟变量的交互项进行表示，$silkroad_i$ 为判断地区 i 是否为沿线地区的虚拟变量，如果地区 i 是沿线地区将该变量设定为 1，否则为 0；$post_t$ 为判断在第 t 年时"一带一路"倡议是否被提出的虚拟变量，由于"一带一路"倡议是在 2013 年提出的，因此将 2013 年及之后年份的该变量设定为 1，将之前年份的设定为 0。

5.3.5　控制变量

在考虑交通基础设施投资对产业结构转型升级的影响时有必要控制其他影响产业结构转型升级的因素，结合以往相关研究，具体控制变量包括：经济发展水平用人均 GDP 表示，为剔除价格因素的影响本章采用地区生产总值指数将其调整为以 2007 年为基期的不变价格数据；城市化水平用各地区非农业人口与总人口的比值表示；金融发展水平用金融机构人民币存贷款余额与 GDP 的比值表示；信息化水平用邮电业务总量与 GDP 的比值表示；交通便利程度用人均公路货运量表示；人力资本用劳动力平均受教育年限作为人力资本的代理变量表示；政府支出水平用各地区地方财政支出与 GDP 的比值表示；市场化水平用各地区城镇私营和个体从业人员数量与总就业人员数量的比值表示；对外开放水平用各地区进出口总额与 GDP 的比值表示；外商投资水平用各地区实际利用外商直接投资额与 GDP 的比值表示。为削弱数据的异方差性将变量经济发展水平和交通便利程度取自然对数后纳入模型。控制变量中经济发展水平、信息化水平、交通便利程度、政府支出水平、市场化水平、外商投资水平和对外开放水平的数据来源于《中国统计年鉴》；城市化水平和人力资本的数据来源于《中国人口和就业统计年鉴》；金融发展水平的数据来源于各地区《统计年鉴》。

5.4　中介效应和有调节的中介效应检验方法

5.4.1　中介效应检验方法

进行中介效应检验主要目的是检验中介效应是否存在，其方法主要分为两类：一类是系数乘积检验法（即检验 H_0：$ab = 0$），另一类是系数差异检验法（即检验 H_0：$c - c' = 0$）。两类方法中假设若被拒绝则存在中介效应，其中系数 a、b、c 和 c' 的具体示意如模型（5.16）~模型（5.17）和图 5.7 所示[293]。由于与系数乘积检验法相比而言系数差异检验法要存在较高的第一类错误率，因此现在很少讨论[294,295]。系数乘积检验法又可以分为间接检验和直接检验两类。间接检验即对回归系数 a 和 b 的显著性进行依次检验,以实现对系数乘积 ab 显著性的间接检验。直接检验即对系数乘积 ab 的显著性进行直接检验,具体方法有 Sobel 法、MCMC 法和 Bootstrap 法。具体来说各种方法的优缺点,用依次检验法进行检验,第一类错误率虽低但检验力也会较低[296];用 Sobel 法进行检验,其检验力要高于依次检验法,但主要局限性在于检验统计量的推导需要假设系数乘积服从正态分布且需要大样本,可是即便每个系数都服从正态分布,系数的乘积一般情况也不是正态的[297,298];用 MCMC 法进行检验,其检验力虽然高于 Sobel 法,但是需要比较多的统计知识和复杂算法,还会涉及引起争论的先验分布问题[299,300];用 Bootstrap 法进行检验,其检验力不仅高于 Sobel 法而且由于其并不存在对系数乘积服从正态分布假设的要求因此能够很好地替代 Sobel 法[294,296]。基于对系数乘积检验的各种方法优缺点的考虑,温忠麟等建议应首先进行依次检验,若检验结果显著则足以证明具有中介效应,这是因为依次检验法的检验力在各方法中是最低的,如果能够检验到中介效应显著则结果很具有说服力;其次若依次检验法的检验结果不显著则使用检验力更高的 Bootstrap 法[301]。温忠麟等提出的检验步骤能够比较好地应用于单一中介变量所进行的简单中介效应检验,而多重中介模型由于涉及的变量较多且路径较为复杂,直接使用 Bootstrap 法检验多重中介效应会更为理想。综上所述,本章首先对式(5.1)~式(5.4)进行模型估计,根据估计结果进行中介效应的初步分析;其次利用 Bootstrap 法对个别中介效应和总体中介效应的显著性进行检验。

$$M = aX + e_1 \tag{5.16}$$

$$Y = c'X + bX + e_2 \tag{5.17}$$

式(5.16)~式(5.17)中,X 和 Y 分别为自变量和因变量;M 为中介变量;e 为回归残差。在此模型中的中介效应为 ab。

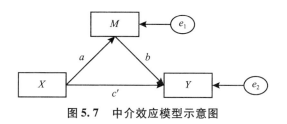

图 5.7 中介效应模型示意图

5.4.2 有调节的中介效应检验方法

有调节的中介效应检验主要是为了检验中介效应是否与调节变量有关，其方法主要分为两类：一类是系数乘积检验法，另一类是中介效应差异检验法。接下来对两类方法的介绍是基于有调节的一般中介效应模型进行展开，具体模型如式（5.18）~式（5.19）所示，模型示意图如图 5.8 所示[302]。系数乘积检验法是对如下系数乘积的假设进行检验：$a_1 b_2 = 0$，$a_3 b_1 = 0$，$a_3 b_2 = 0$，只要以上假设中有一个被拒绝，那么中介效应就是有调节的。例如，假设存在 $a_1 b_2 \neq 0$，推理可得 $a_1 b_2 + a_3 b_1 \neq 0$，那么中介效应 $(a_1 + a_3 U)(b_1 + b_2 U)$ 与调节变量 U 有关。系数乘积检验法又划分为间接检验法和直接检验法。间接检验法即依次检验法，这与普通中介效应检验实施依次检验法的相同之处在于原理相同，即检验系数乘积的显著性只是对单个系数的显著性进行依次检验；不同之处在于需要检验的系数乘积和系数的数量不同，有调节的中介效应检验需要对 3 个系数乘积的 4 个系数实施依次检验。例如，需要检验的系数乘积为 $a_1 b_2$、$a_3 b_1$ 和 $a_3 b_2$，依次检验法需要先对式（5.18）中的 a_1 和 a_3 的显著性进行检验，再对式（5.19）中的 b_1 和 b_2 的显著性进行检验。若 $a_1 \neq 0$ 且 $b_2 \neq 0$，或 $a_3 \neq 0$ 且 $b_1 \neq 0$，或 $a_3 \neq 0$ 且 $b_2 \neq 0$，其中至少有一组成立，那么中介效应受到调节。直接检验法即直接检验系数乘积 $a_1 b_2$、$a_3 b_1$ 和 $a_3 b_2$ 的显著性，具体方法有 Sobel 法、MCMC 法和 Bootstrap 法。关于上述各种方法的优缺点已在中介效应检验方法中作详细叙述，这里不做重复介绍。中介效应差异检验法的原理是通过对调节变量不同取值下中介效应呈现的差异进行检验，并由此对产生中介效应变化是否受到调节变量的影响有关进行判断，该方法是在亚组分析法上进行的改进。使用亚组分析法只是取某两个调节变量值，比较不同调节变量取值下中介效应是否产生变化，这种方法存在比较明显的缺点：一是某两个调节变量取值下的中介效应变化未必能够反映出中介效应会随着调节变量而变化；二是若在不同调节变量取值下中介效应都显著或者都不显著，这种情况下中介效应是否受到调节并不能确定。正是为了弥补亚组分析法的这些不足，爱德华等（Edward et al.）提出对调节变量平均值的上下一个标准差进行取值，之后对两个调节变量取值下的中介效应差异进行显著性检验以判断中介效应是否受到调节。例如，对调节变量 U 的平均值取上下一个标准差的值，可分别记为 U_H 和 U_L，若（$a_1 +a_3 U_H$）（$b_1 + b_2 U_H$）与（$a_1 + a_3 U_L$）（$b_1 + b_2 U_L$）之间的差异显著，那么中介效应受到调节变量 U 的调节。中介效应差异检验法相比于系数乘积检验法的任何一种方法而言，其检验力更高。基于对系数乘积检验的各种方法和中介效应差异检验法的优缺点进行考虑，温忠麟等建议应首先进行依次检验，若不显著，其次使用 Bootstrap 法进行检验，若还不显著，最后使用中介效应差异检验法进行检验。按以上顺序进行检验，若之前的检验结果已显著，之后的检验就不需要继续了。对此检验顺序温忠麟等也给出了解释：一是前一种方法的检验力要低于后一种检验方法，若前一种方法的检验结果显著则后一种方法的检验结果肯定也显著。二是前一种方法的检验结果所包含的信息要比后一种方法丰富。例如，依次检验系数的显著性时，$a_1 \neq 0$ 且 $b_2 \neq 0$，或 $a_3 \neq 0$ 且 $b_1 \neq 0$，或 $a_3 \neq 0$ 且 $b_2 \neq 0$，只要其中有一组成立中介效应便受到调节，除此之外还可以获知图 5.3 中介路径中是前半路径或后半路径受到调节，还是前后两个路径都受到调节；使用 Bootstrap 法对系数乘积 $a_1 b_2$、$a_3 b_1$ 和 $a_3 b_2$ 的显著性进行直接检验，不仅可以检验中介效应是否受到调节，而且由显著的系数乘积就可判断具体哪一段中介路径受到调节；使用中介效应差异检验法时却无法判断具体哪一段中介路径受到调节。三是前一种方法的检验要比后一种方法操作起来简单方便。综上所述，考虑到本章涉及有调节的多重中介效应检验，依次检验法可能更适用于有调节的单一中介效应检验，且中介效应差异检验法操作更

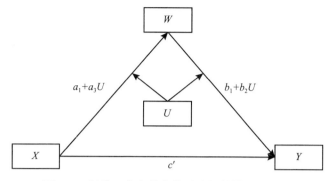

图 5.8　调节了中介效应前后路径的模型示意图

为复杂，因此本章首先对式（5.5）~式（5.8）进行模型估计；其次结合 Bootstrap 法对多重中介效应是否受到调节进行检验。

$$W = a_0 + a_1 X + a_2 U + a_3 UX + e_1 \tag{5.18}$$

$$Y = c_0' + c_1' X + c_2' U + b_1 W + b_2 UW + e_2 \tag{5.19}$$

式（5.18）~式（5.19）中，X 和 Y 分别为自变量和因变量；W 为中介变量；U 为调节变量；e 为回归残差。在调节变量 U 的作用下，中介变量 W 的有调节的中介效应为 $(a_1 + a_3 U)(b_1 + b_2 U)$。由 $(a_1 + a_3 U)(b_1 + b_2 U) = a_1 b_1 + (a_1 b_2 + a_3 b_1) U + a_3 b_2 U^2$ 可知，若中介效应随 U 变化，那么中介效应是有调节的。

5.5　实证结果与分析

5.5.1　中介效应检验

基于 Stata 15.0 软件进行实证分析，对中介效应模型的估计结果如表 5.3 所示。表 5.3 中第（1）~第（3）列分别以市场需求水平、资源配置水平和技术创新水平作为被解释变量时，交通基础设施投资的估计系数分别在1%、5%和5%水平下显著为正，说明交通基础设施投资水平的提升扩大了市场需求水平、改善了资源错配情况并促进了技术创新。

表5.3 中介效应模型的估计结果

解释变量	Md	Res	Tec	Upgrade	Ration
	(1)	(2)	(3)	(4)	(5)
UE	0.002*** (3.24)	0.001** (2.18)	0.005** (2.44)	0.128** (2.09)	0.136* (1.67)
Md				35.685*** (3.58)	−55.706*** (−2.80)
Res				−6.139 (−1.13)	2.139 (0.24)
Tec				5.948*** (3.85)	−11.877*** (−3.94)
常数项	0.002*** (2.73)	0.017*** (7.15)	0.003 (1.28)	1.326*** (11.75)	−0.252 (−0.55)
控制变量	Yes	Yes	Yes	Yes	Yes
时间固定效应	Yes	Yes	Yes	Yes	Yes
地区固定效应	Yes	Yes	Yes	Yes	Yes
样本数	360	360	360	360	360
R^2	0.405	0.699	0.488	0.627	0.490

注：括号中数值为 t 统计量，*、** 和 *** 分别表示10%、5%和1%的显著水平。

第（4）列以产业结构高度化水平作为被解释变量，交通基础设施投资的估计系数在5%水平下显著为正，市场需求水平和技术创新水平的估计系数都在1%水平下显著为正，但是资源配置水平的估计系数为负且不显著，说明交通基础设施投资水平的提升，市场需求的扩大和技术创新的提高促进了产业结构高度化发展，但资源配置水平没有促进作用。针对资源配置水平对产业结构高度化发展具有抑制作用，其原因可能是产业结构高度化发展即对产业结构进行升级的过程，该过程也是各产业部门通过提高产出效率扩大产出以实现主导产业部门更替的过程[303]。而产业结构升级与资源配置密切相关，因为产业结构升级过程既是资源在产业部门之间动态配置的过程，也是资源配置效率进行优化的过程。其具体表现为资源在各产业部门配置的密集度不同会直接影响该产业部门的产出效率和产出水平，进而对产业结构升级产生影响；按照配第—克拉克定理，在经济发展过程中资源会基于部门生产效率水平由低到高进行流动，即从农业部门流向非农业其他部门，再从第二产业转而向第三产业流入，进行资源的重新配置不断推动了各部门产出水平的变化并有效提升了各部门资源的产出效率，进而促进产业结构优化升级。最优的资源配置是需要将置于完全竞争市场作为前提条件，以便充分发挥市场的竞争机制和价格机制对资源的配置作用。然而现实中完全竞争市场几乎不可能存在，这是由于制度或政策的干扰和"市场失灵"的存在等因素导致不同的产业生产部门和市场主体面临着不同的资源配置条件。当前我国经济仍然处于转型发展阶段，虽然长期进行市场经济体制改革，但更高水平的市场机制仍然没有完全建立，使市场不能充分发挥在资源配置中的决定性作用。此外，制度性因素的阻碍也是我国产生资源错配的主要原因[304]，这些制度性因素主要包括产业政策、信贷约束和税收等，因此资源错配问题长期以来在我国普遍存在。基于产业结构升级的动力机制，即需求侧消费者结构变化产生的驱动以及供给侧要素积累和技术进步产生的驱动[305]，从供给和需求角度解释资源错配抑制产业结构升级的路径。具体地，从供给角度来看，目前我国要素市场并没有得到充分发育，其中资本市场由于地方政府间竞争治理模式的存在受到政府很大程度的干预，因此会利用金融信贷政策对经济产生干预，具体政府会向短期成效明显的部门（行业）进行倾向性投资和信贷优惠。例如，在基础设施领域和房地产业足见地方政府的投资热情，对应的投入产出水平要远高于现实中的市场需求水平，如此严重的产能过剩和低效的产能利用率造成了投资收益越来越低，同时基础设施较长的建设周期需要占用大量的投资资源，造成了战略性新兴产业和现代服务业的供给不足。除资本要素外，劳动力要素的配置也受到制度性因素的干预，主要表现为劳动力的自由流动受到户籍制度和高房价挤出效应的影响，在一定程度上造成了高素质劳动力对高新技术产业和现代服务业的供给不足。从需求角度来看，资源配置受到消费者偏好的影响，国民收入水平不断提高，那些具有较低产品需求弹性的部门把握住了快速增长机遇，因而资源便倾向于流向这些部门，进而促进了产业结构改变。但是在不完全的市场竞争下，企业在生产成本控制、产品价格定价和商品利润分配方面由于垄断势力的影响会出现一定程度的差异，要素边际收益在垄断部门会比通常情况下出现偏离，这不仅会制约生产率在不同部门的分布，而且还会影响企业的技术创新动力，这将影响消费者对科技创新产品等的需求水平。因此，从供给和需求角度不难理解资源错配抑制产业结构升级的原因。

第（5）列以产业结构合理化水平作为被解释变量，交通基础设施投资的估计系数在10%水平下显著为正，但是市场需求水平和技术创新水平的估计系数都在1%水平下显著为负，而资源配置水平的估计系数虽为正但不显著，说明交通基础设施投资水平的提升促进了产业结构合理化发展，但市场需求水平、资源配置水平和技术创新水平都没有促进作用。针对市场需求水平对产业结构合理化发展具有抑制作用，其原因可能是改革开放以来，我国主导外向型经济发展战略，也一直保持着较高的外贸依存度，同时较高的外贸依存度也反映出外贸在我国经济发展中扮演着非常重要的角色。全球进口需求结构可以按照不同类型产品占全球进口需求产品的比值进行排序，然后通过外贸往来手段使我国外贸企业不得不作出适应性调整，由此对我国产业结构调整形成倒逼态势[306]。同时全球进口需求结构变化将对外商制定投资策略和实施投资行为产生显著影响，尤其是我国部分产业存在较高的 FDI 依赖度，FDI 在区域流向及产业布局方面产生变化将对这些产业形成显著影响，而且还会基于产业关联性对其他相关产业带来影响，最终对我国产业结构合理化发展产生影响。我国虽然是贸易大国，然而从目前来看还未能成为名副其实的贸易强国，在由欧美国家所主导的现行全球价值链体系中，我国在国际贸易中面临的风险不仅包括贸易利得的损失而且还包括长期处于低附加值环节而陷入的"中等收入陷阱"，产业建设和资源要素流向均会与合理结构相悖，以至于对我国产业结构合理化发展产生限制。加之近年来全球经济格局和贸易环境等发生深刻调整，贸易保护主义不断抬头，我国的外贸依存度有所下降，外贸渠道对我国产业结构产生的影响正在逐渐弱化。

针对资源配置水平对产业结构合理化发展并不具有显著作用的原因可能是：产业结构合理化过程是指利用现有条件进行资源要素的合理化配置，实现各类产业之间的统筹协调发展，以及最终取得较高经济产出的过程。在完全市场竞争下，资源随着生产效率水平由高到低进行流动，资源要素按照效率原则得到合理配置。然而由于制度性因素和市场性因素导致我国资源错配普遍存在。当资源错配出现时，资源难以实现在产业部门间的自由流动，即生产效率较高部门无法配置那些从生产效率较低部门转出的资源，从而导致生产效率较高部门和较低部门分别出现了配置不足和配置过剩问题，资源要素难以实现在各生产部门合理分布。各产业部门若得不到有效的资源配置，便难以实现产业间的融合以及协调发展，产业结构合理化发展也就受到抑制。

针对技术创新水平对产业结构合理化发展具有抑制作用的原因可能有以下几点：一是技术创新需要一定过程，其最终目的能否实现依赖于优质高效的创新资源，而这恰好是我国多数传统制造业产业所缺乏且至今尚未取得结构调整成效的部分，很多领域由于缺乏具有自主创新的核心技术仍然处在价值链低端[307]；二是推动产业结构合理化发展的原因是资源要素从具有较低生产效率的部门向具有较高生产效率的部门进行转移，虽然我国经过努力取得了一定技术创新成效，创新能力值得肯定，但现实中在制度性因素和市场性因素影响下，生产要素在部门间的进出流动会发生时间滞后[308]，由此会对创新资源进行自由流动及合理配置形成制约，尤其是当前我国劳动力市场深受市场的体制性分割障碍的影响[309]，对地区间劳动力要素实现自由流动产生了极大阻碍，也进一步加深了地区劳动力就业结构偏离产业结构，从而不利于产业结构合理化发展；三是由于各地区技术创新水平对产业结构的影响存在较大差异，东部地区由于政策支持及良好的市场开放环境，促进了技术创新进步而且由此带动了高新科技产业和战略新兴产业的迅猛发展并形成产业关联效应，中部地区具备较高的制造业水平，技术创新存在推进产业结构发展的积极影响，但仍处于发展期的高新技术产业会直接导致创新价值链难以有效融合产业更高层次发展从而无法实现产业结构合理化发展，西部地区过度依赖于传统产业，存在高科技人才短缺和创新资本紧缺问题，而且技术创新主要源于政府的财政支持，对资源的挤占又制约了资源在其他部门的合理配置，从而阻碍了产业结构合理化发展[310]。

本章利用偏差校正的百分位 Bootstrap 法进行中介效应检验。在检验中设置的 Bootstrap 取样次数为 1 000，如果中介效应值对应的置信度为 90% 的置信区间不包括 0，则说明中介效应显著。具体检验结果如表 5.4 所示，由表 5.4（a）可知，当以产业结构高度化水平作为被解释变量时，市场需求水平和技术发展水平的中介效应分别为 0.060 和 0.037，两者效应值对应的置信区间均不包括 0 说明两者的中介效应显著存在，这一结果表明从产业结构高度化维度衡量产业结构转型升级时，交通基础设施投资可以通过扩大市场需求和进行技术创新促进产业结构转型升级，由此来看假设 H5-1 和假设 H5-3 得证；资源配置水平的中介效应为 -0.014，效应值对应的置信区间包括 0 说明资源配置水平的中介效应不显著，这一结果表明现阶段交通基础设施投资未能通过改善资源错配促进产业结构转型升级，由此来看假设 H5-2 没有成立，至于现实情况与理论分析相悖的原因已在前面予以解释。由表 5.4（b）可知，当以产业结构合理化水平作为被解释变量时，市场需求水平、资源配置水平和技术发展水平的中介效应分别为 -0.114、-0.001 和 -0.085，其中市场需求水平和技术发展水平的效应值对应的置信区间均不包括 0 说明两者的中介效应显著存在，而资源配置水平的效应值对应的置信区间包括 0 说明资源配置水平的中介效应不显著，这一结果表明从产业结构合理化维度衡量产业结构转型升级时，交通基础设施投资未能通过扩大市场需求、改善资源错配和进行技术创新促进产业结构转型升级，由此来看假设 H5 – 1、假设 H5 – 2 和假设 H5 – 3 均没有成立。综上所述，由理论分析得到交通基础设施投资可以通过扩大市场需求、改善资源错配和进行技术创新促进产业结构转型升级，但由于理论与现实情况存在一定差异，经过本章实证发现现阶段交通基础设施投资可以通过扩大市场需求和进行技术创新促进产业结构转型升级的产业结构高度化维度的发展。

表 5.4（a）　　　　　　　　　中介效应显著性检验

解释变量	估计值	标准误	z 统计量	P 值	90% 置信区间	
					下限	上限
Md 中介效应 $a_1 d_2$	0.060	0.030	1.99	0.046	0.011	0.110
Res 中介效应 $b_1 d_3$	– 0.014	0.012	– 1.14	0.225	– 0.034	0.006
Tec 中介效应 $c_1 d_4$	0.037	0.020	1.81	0.071	0.003	0.071

表 5.4（b）　　　　　　　　　中介效应显著性检验

解释变量	估计值	标准误	z 统计量	P 值	90% 置信区间	
					下限	上限
Md 中介效应 $a_1 d_2$	– 0.114	0.054	– 2.08	0.037	– 0.203	– 0.024
Res 中介效应 $b_1 d_3$	– 0.001	0.013	– 0.09	0.928	– 0.022	0.020
Tec 中介效应 $c_1 d_4$	– 0.085	0.042	– 2.01	0.045	– 0.155	– 0.015

5.5.2　有调节的中介效应检验

鉴于以上中介效应检验结果，从产业结构合理化维度衡量产业结构转型升级时，现阶段交通基础设施投资未能通过扩大市场需求、改善资源错配和进行技术创新促进产业结构转型升级，因此，当以产业结构合理化水平作为被解释变量时，该部分内容对有调节的中介效应的显著性暂不进行讨论，而仅对以产业结构高度化水平作为被解释变量时的有调节的中介效应显著性进行讨论。具体利用偏差校正的百分位 Bootstrap 法进行有调节的中介效应检验，在检验中设置的 Bootstrap 取样次数为 1 000。首先，对"一带一路"倡议的调节效应进行检验，具体检验结果如表 5.5 所示。由表 5.5 可知，h_2e_3 的置信区间为（0.007，0.090），h_3f_3 的置信区间为（0.021，0.131）和 h_4g_3 的置信区间为（0.008，0.109），三个系数乘积对应的置信度为 90% 的置信区间均不包括 0，根据系数乘积检验法可知交通基础设施投资通过市场需求水平、资源配置水平和技术创新水平对产业结构转型升级的中介效应的前半路径受到"一带一路"倡议的调节。其次，检验"一带一路"倡议是否存在正向调节作用及对有调节的中介效应的显著性进行检验，具体结果如表 5.6 所示。在"一带一路"倡议的调节作用下，交通基础设施投资通过市场需求水平、资源配置水平和技术创新水平对产业结构转型升级的中介效应分别为 $h_2(e_1 + e_3 silkroad_i \times post_{t-1})$、$h_3(f_1 + f_3 silkroad_i \times post_{t-1})$ 和 $h_4(g_1 + g_3 silkroad_i \times post_{t-1})$。按照调节变量的均值加减一个标准差来设定调节变量的分组条件，以考察调节变量在不同水平下自变量通过中介变量对因变量的中介效应大小。由表 5.6 可知，当调节变量取值为低于均值一个标准差、均值和高于均值一个标准差时，市场需求水平的中介效应分别为 0.012、0.028 和 0.052，表明交通基础设施投资通过市场需求水平对产业结构转型升级的中介效应的前半路径受到"一带一路"倡议的正向调节；市场需求水平以上三个中介效应所对应的置信区间分别为（-0.008，0.031）、（0.009，0.047）和（0.006，0.099），虽然调节变量为低于均值一个标准差取值时市场需求水平的中介效应所对应的置信区间包括 0，此时中介效应不显著，但是随着调节变量取值从低于到高于均值一个标准差有所增大时，市场需求水平的中介效应变大而且显著，从这个角度来看并不影响随着"一带一路"倡议的推进，交通基础设施投资通过扩大市场需求水平对产业结构转型升级的中介效应显著增大，由此来看假设 H5-4a 得证。同理，随着"一带一路"倡议的推进，交通基础设施投资通过改善资源配置和促进技术创新对产业结构转型升级的中介效应显著增大，由此来看假设 H5-4b 和 H5-4c 得证。

表 5.5　　　　　　　　　有调节的中介效应显著性检验

系数乘积	估计值	标准误	z 统计量	P 值	90% 置信区间	
					下限	上限
$h_2 e_3$	0.048	0.025	1.92	0.055	0.007	0.090
$h_3 f_3$	0.076	0.033	2.28	0.022	0.021	0.131
$h_4 g_3$	0.059	0.031	1.92	0.055	0.008	0.109

表 5.6　　　　　调节变量不同取值下有调节的中介效应显著性检验

中介效应	调节变量取值	估计值	标准误	z 统计量	P 值	90% 置信区间	
						下限	上限
Md 中介效应 $h_2(e_1 + e_3 silkroad_i \times post_{t-1})$	低	0.012	0.012	0.99	0.324	-0.008	0.031
	中	0.028	0.012	2.38	0.017	0.009	0.047
	高	0.052	0.028	1.86	0.064	0.006	0.099
Res 中介效应 $h_3(f_1 + f_3 silkroad_i \times post_{t-1})$	低	-0.004	0.008	-0.46	0.646	-0.017	0.010
	中	0.016	0.009	1.82	0.068	0.002	0.030
	高	0.045	0.025	1.78	0.076	0.003	0.087
Tec 中介效应 $h_4(g_1 + g_3 silkroad_i \times post_{t-1})$	低	-0.003	0.012	-0.22	0.823	-0.023	0.017
	中	0.020	0.011	1.79	0.073	0.002	0.039
	高	0.054	0.025	2.18	0.029	0.013	0.095

注：调节变量取值的低、中、高水平分别表示调节变量取均值之下一个标准差、均值和均值之上一个标准差。

5.6　稳健性检验

为了确保上述结论的可靠性，本章利用联立方程模型重新对相关中介效应和有调节的中介效应进行稳健性检验。具体的稳健性检验过程如下。

5.6.1　模型的设定、识别与估计方法的选择

（1）模型的设定。

本章主要是探讨基于"一带一路"背景下交通基础设施投资对产业结构转型升级的作用机制。基于该研究目的，通过一定机理分析之后假设了交通基础设施投资可以通过扩大市场需求、改善资源错配和进行技术创新三条中介路径来间接促进产业结构转型升级，而且交通基础设施投资对市场需求水平、资源配置水平和技术创新水平三个中介变量产生影响的路径会受到"一带一路"倡议的正向调节。为了检验假设是否成立，本章已通过构建中介效应模型和有调节的中介效应模型进行考察，基于对研究结论进行可靠性分析具有一定必要性，同时由于研究所涉及的变量之间存在一定联立性，因此本章试图利用联立方程模型对上述中介效应和有调节的中介效应进行稳健性分析。

具体到模型的设定：首先，构建基于联立方程的并行多重中介效应模型，具体将分别以市场需求水平、资源配置水平、技术创新水平和产业结构转型升级水平作为被解释变量的回归模型进行组合，进而形成一个完整的联立方程模型，基于本章已对上述相关模型进行过设定，因此将其组合而成的联立方程模型即为式（5.1）~式（5.4）的组合；其次，构建基于联立方程的有调节的中介效应模型，同样是将分别以市场需求水平、资源

配置水平、技术创新水平和产业结构转型升级水平作为被解释变量的回归模型进行组合以形成一个完整的联立方程模型，值得注意的是，被组合的回归模型虽然被解释变量相同但在模型中增加了"一带一路"倡议的调节变量，基于本章已对上述相关模型进行过设定，因此将其组合而成的联立方程模型即为式（5.5）~式（5.8）的组合。值得指出的是，本章之前设定的并行多重中介效应模型和有调节的中介效应模型，是基于似不相关回归模型的具体方法进行估计的，由于似不相关回归模型与联立方程模型都属于多方程系统，两者在模型构建形式上虽有类似但理论上却存在较大差异，而且本章上述研究并未从构建联立方程模型的视角和使用联立方程模型的具体估计方法进行相关分析，因此本章可以基于不同方法的验证，利用联立方程模型进行研究结论的稳健性检验。

（2）模型的识别。

在对联立方程模型的参数进行估计之前，要求其参数必须"可识别"，即模型的可识别是进行参数估计的前提条件。而置于模型中的某一个方程是否具有可识别性取决于它是否排除了联立方程模型中其他方程所包含的一个或几个变量，如果至少有一个方程出现了不可识别，那么整个联立方程模型将是不可识别的。具体对模型进行识别的方法包括阶条件和秩条件，分别对两种识别方法的识别条件进行介绍。阶条件是指：有待识别的方程中不包含的变量（被斥变量）个数 ≥（联立方程模型中的方程个数 −1），阶条件只是进行可识别的必要而非充分条件；秩条件是指：有待识别方程的被斥变量系数矩阵的秩 =（联立方程模型中的方程个数 −1），秩条件是充分必要条件。模型识别的一般过程为：首先，考查阶条件，若该条件不能得到满足则判定待识别方程为不可识别，也就意味着识别终止，若该条件得到满足则进一步对秩条件进行检查；其次，考查秩条件，若该条件得到满足虽然能够说明待识别方程可识别，却仍不能进一步判别是属于恰好识别还是属于过度识别，对此还要返回再次利用阶条件作判断；最后，若阶条件中的等式（被斥变量个数 = 方程个数 −1）成立则方程为恰好识别，若阶条件中的不等式（被斥变量个数 > 方程个数 −1）成立则方程为过度识别。但现实中的模型识别过程，从条件检验的难易程度来讲，阶条件要比秩条件相对容易，并且满足阶条件的同时却不满足秩条件的情况较为少见，因而常在实践中仅对阶条件进行检验，秩条件检验随之忽略。

具体到本章联立方程模型的识别：首先，对基于联立方程的并行多重中介效应模型进行识别，模型中市场需求水平、资源配置水平、技术创新水平和产业结构转型升级水平（高度化和合理化两个维度）为内生变量，每个方程中的控制变量集均存在有不同的外生变量，由此会产生对模型的排除性约束，而且在每个方程中被施以零约束的变量个数均要多于内生变量的个数，这满足联立方程模型可进行识别的阶条件；通常来说，阶条件的满足意味着秩条件也会同样得到满足，因此可视本章基于联立方程的并行多重中介效应模型同时满足阶条件和秩条件，即该模型可被识别；再利用阶条件判断得到基于联立方程的并行多重中介效应模型中每一个方程均是过度识别的。其次，对基于联立方程的有调节的中介效应模型进行识别，具体识别过程与上述对基于联立方程的并行多重中介效应模型的识别相同，经识别该模型能够同时对阶条件和秩条件进行满足，而且存在于模型中的任一方程都是过度识别的。

（3）模型估计方法的选择。

在经过模型识别之后，明确本章所设联立方程模型能够同时满足阶条件和秩条件，因此接下来可对模型进行一致性估计。对于联立方程模型的估计方法可以划分为两类：第一类是"单一方程估计法"，又被称为"有限信息估计法"（limited information estimation）；第二类是"系统估计法"，又被称为"全信息估计法"（full information estimation）。其中，单一方程估计法是分别对联立方程模型中每一个方程实施估计，主要方法包括普通最小二乘法（OLS）、间接最小二乘法（ILS）、二阶段最小二乘法（2SLS）以及广义矩估计法（GMM）；系统估计法则是将联立方程模型中的每一个方程作为一个系统进行联合估计，主要方法包括三阶段最小二乘法（3SLS）、系统广义矩估计法（System GMM）以及全信息最大似然估计法（FIML）等。如何在两类模型估计方法中进行选择，需要考虑的是使用单一方程估计法容易忽略各方程间存在的内在联系（包括存在于各方程扰动项之间的联系），所以不如将所有方程作为一个整体进行估计（即采用系统估计法）更为有效，但是如果一旦某个方程存在较大误差，系统估计法的使用将会在其他方程中代入该方程的误差，由此整个方程系统便难以得到可靠性估计，因此，从某种意义上来说，在单一方程估计和系统估计中所进行的选择，其实也是在"稳健性"与"有效性"之间的权衡。

具体到本章对联立方程模型进行估计，基于模型识别的结果同时兼具模型估计的稳健性和有效性，从单一方程估计法和系统估计法中各选择一种具体方法进行估计。由于 2SLS 和 3SLS 分别是两类方法中最常使用的方法，因此本章选择 2SLS 和 3SLS 对基于联立方程的并行多重中介效应模型和基于联立方程的有调节的中介效应模型进行估计，以进行稳健性检验。

5.6.2 检验结果与分析

（1）中介效应检验。

基于 Stata 15.0 软件对中介效应和有调节的中介效应进行稳健性检验。首先，分别利用 2SLS 和 3SLS 对基于联立方程的多重中介效应模型进行估计，具体结果如表 5.7 所示。可知表 5.7 对比表 5.3 除了变量估计系数略有差异外，其估计系数符号和显著性并未发生明显变化。其次，利用偏差校正的百分位 Bootstrap 法进行中介效应检验。在检验中设置的 Bootstrap 取样次数为 1 000，如果中介效应值对应的置信度为 90% 的置信区间不包括 0，则说明中介效应显著。具体检验结果如表 5.8 所示，其中表 5.8（a）和表 5.8（b）分别是以产业结构高度化水平和产业结构合理化水平作为被解释变量时的检验结果，可知表 5.8（a）和表 5.8（b）中除了变量的中介效应估计值略有差异外，其估计值符号和显著性均与表 5.4（a）和表 5.4（b）基本一致。因此，本章相关中介效应结论比较稳定。

表 5.7

基于联立方程的并行多重中介效应模型的估计结果

解释变量	式(5.1) Md		式(5.2) Res		式(5.3) Tec		式(5.4) Upgrade		式(5.4) Ration	
UE	0.002*** (0.001)	0.002*** (0.002)	0.001** (0.029)	0.001** (0.038)	0.005** (0.015)	0.006*** (0.006)	0.128** (0.045)	0.135** (0.031)	0.136* (0.096)	0.135* (0.090)
Md							35.685*** (0.001)	31.151*** (0.003)	−55.706*** (0.005)	−58.415*** (0.003)
Res							−6.139 (0.210)	−10.413** (0.030)	2.139 (0.813)	−0.861 (0.922)
Tec							5.948*** (0.001)	6.678*** (0.000)	−11.877*** (0.000)	−15.027*** (0.000)
常数项	0.002*** (0.005)	0.002*** (0.006)	0.017*** (0.000)	0.021*** (0.000)	0.003 (0.202)	0.002 (0.259)	1.326*** (0.000)	1.301*** (0.000)	−0.252 (0.586)	−0.325 (0.469)
估计方法	2SLS	3SLS	2SLS	3SLS	2SLS	3SLS	2SLS	3SLS	2SLS	3SLS
控制变量	Yes	Yes	Yes	Yes	Yes	Yes	Yes	Yes	Yes	Yes
时间固定效应	Yes	Yes	Yes	Yes	Yes	Yes	Yes	Yes	Yes	Yes
地区固定效应	Yes	Yes	Yes	Yes	Yes	Yes	Yes	Yes	Yes	Yes
样本数	360	360	360	360	360	360	360	360	360	360
R^2	0.405	0.405	0.699	0.686	0.488	0.478	0.627	0.624	0.490	0.485

注：括号中数值为 p 值，*、**和***分别表示10%、5%和1%的显著水平。

表 5.8 （a）　　　　　　　稳健性检验的中介效应显著性检验

估计方法	中介效应	估计值	标准误	z 统计量	P 值	90% 置信区间	
						下限	上限
2SLS	Md 中介效应 $a_1 d_2$	0.072	0.032	2.27	0.023	0.020	0.124
	Res 中介效应 $b_1 d_3$	− 0.009	0.009	− 0.93	0.352	− 0.024	0.007
	Tec 中介效应 $c_1 d_4$	0.028	0.011	2.51	0.012	0.010	0.046
3SLS	Md 中介效应 $a_1 d_2$	0.060	0.030	2.00	0.046	0.011	0.110
	Res 中介效应 $b_1 d_3$	− 0.014	0.012	− 1.13	0.259	− 0.034	0.006
	Tec 中介效应 $c_1 d_4$	0.037	0.020	1.84	0.066	0.004	0.070

表 5.8 （b）　　　　　　　稳健性检验的中介效应显著性检验

估计方法	中介效应	估计值	标准误	z 统计量	P 值	90% 置信区间	
						下限	上限
2SLS	Md 中介效应 $a_1 d_2$	− 0.112	0.054	− 2.08	0.037	− 0.201	− 0.024
	Res 中介效应 $b_1 d_3$	0.003	0.012	0.25	0.801	− 0.017	0.023
	Tec 中介效应 $c_1 d_4$	− 0.059	0.035	− 1.69	0.091	− 0.116	− 0.002
3SLS	Md 中介效应 $a_1 d_2$	− 0.114	0.061	− 1.87	0.061	− 0.213	− 0.014
	Res 中介效应 $b_1 d_3$	− 0.001	0.013	− 0.09	0.928	− 0.022	0.020
	Tec 中介效应 $c_1 d_4$	− 0.085	0.044	− 1.94	0.052	− 0.157	− 0.013

（2）有调节的中介效应检验。

鉴于以上中介效应检验结果，从产业结构合理化维度衡量产业结构转型升级时，现阶段交通基础设施投资未能通过扩大市场需求、改善资源错配和进行技术创新促进产业结构转型升级，因此，当以产业结构合理化水平作为被解释变量时，该部分内容对有调节的中介效应的显著性暂不进行讨论，而仅对以产业结构高度化水平作为被解释变量时的有调节的中介效应的显著性进行讨论。具体利用偏差校正的百分位 Bootstrap 法进行有调节的中介效应检验，在检验中设置的 Bootstrap 取样次数为 1 000。首先，对"一带一路"倡议的调节效应进行检验，具体检验结果如表 5.9 所示。可知表 5.9 中的乘积系数的显著性与表 5.5 基本保持一致。其次，检验"一带一路"倡议是否存在正向调节作用及对有调节的中介效应的显著性进行检验，具体结果如表 5.10 所示。可知表 5.10 对比表 5.6 中当调节变量取值为低于均值一个标准差、均值和高于均值一个标准差时，各变量的中介效应估计值、估计值符号及其显著性、估计值对应调节变量取值的变化趋势均未发生明显变化。因此，本章相关有调节的中介效应结论比较稳定。

表 5.9　　　　　　稳健性检验的有调节的中介效应显著性检验

估计方法	系数乘积	估计值	标准误	z 统计量	P 值	90% 置信区间	
						下限	上限
2SLS	$h_2 e_3$	0.049	0.028	1.75	0.080	0.003	0.095
	$h_3 f_3$	0.075	0.028	2.64	0.008	0.028	0.121
	$h_4 g_3$	0.062	0.036	1.72	0.085	0.003	0.121
3SLS	$h_2 e_3$	0.049	0.027	1.80	0.071	0.004	0.093
	$h_3 f_3$	0.076	0.033	2.28	0.022	0.021	0.131
	$h_4 g_3$	0.057	0.031	1.84	0.066	0.006	0.108

　　综上所述，本章采用联立方程模型的估计方法重新对相关中介效应和有调节的中介效应进行稳健性检验之后，检验结果表明本章所得结论比较可靠。

表 5.10　稳健性检验的调节变量不同取值下有调节的中介效应显著性检验

估计方法	中介效应	调节变量取值	估计值	标准误	z 统计量	P 值	90% 置信区间	
							下限	上限
2SLS	Md 中介效应 $h_2(e_1 + e_3 si^2 kroad_i \times post_{t-1})$	低	0.012	0.011	1.05	0.295	-0.007	0.030
		中	0.028	0.012	2.38	0.017	0.009	0.047
		高	0.052	0.027	1.94	0.053	0.008	0.097
	Res 中介效应 $h_3(f_1 + f_3 si kroad_i \times post_{t-1})$	低	-0.004	0.008	-0.46	0.647	-0.017	0.010
		中	0.016	0.009	1.82	0.068	0.002	0.030
		高	0.045	0.022	2.02	0.043	0.008	0.082
	Tec 中介效应 $h_4(g_1 + g_3 si^2 kroad_i \times post_{t-1})$	低	-0.003	0.012	-0.23	0.818	-0.022	0.017
		中	0.020	0.011	1.79	0.073	0.002	0.039
		高	0.054	0.024	2.23	0.026	0.014	0.095
3SLS	Md 中介效应 $h_2(e_1 + e_3 si kroad_i \times post_{t-1})$	低	0.012	0.012	1.00	0.317	-0.008	0.031
		中	0.028	0.011	2.51	0.012	0.010	0.046
		高	0.052	0.024	2.18	0.029	0.013	0.092
	Res 中介效应 $h_3(f_1 + f_3 si kroad_i \times post_{t-1})$	低	-0.004	0.007	-0.53	0.598	-0.015	0.008
		中	0.016	0.008	1.97	0.049	0.003	0.029
		高	0.045	0.022	2.01	0.044	0.008	0.082
	Tec 中介效应 $h_4(g_1 + g_3 si kroad_i \times post_{t-1})$	低	-0.003	0.013	-0.22	0.829	-0.024	0.018
		中	0.020	0.010	2.00	0.046	0.004	0.037
		高	0.054	0.024	2.24	0.025	0.014	0.094

注：调节变量取值的低、中、高水平分别表示调节变量取均值之下一个标准差、均值和均值之上一个标准差。

5.7 本章小结

通过第 4 章研究发现，从全国来看交通基础设施投资与产业结构转型升级之间存在相互促进关系，本章主要是承接第 4 章内容重点讨论交通基础设施投资对产业结构转型升级的作用机制。本章基于 2007～2018 年全国样本数据，在对交通基础设施投资影响产业结构转型升级的作用路径进行机理分析和研究假设之后，基于所构建的中介效应模型对其进行检验，并通过构建有调节的中介效应模型考察"一带一路"倡议的实施是否对交通基础设施投资影响产业结构转型升级的作用机制产生正向调节作用。

具体地，本章通过机理分析之后假设交通基础设施投资可以通过扩大市场需求、改善资源错配和进行技术创新三条中介路径间接促进产业结构转型升级，而且中介过程的前半路径，即交通基础设施投资对三个中介变量产生影响的路径受到"一带一路"倡议的正向调节。之后通过实证研究发现：第一，当从产业结构高度化维度衡量产业结构转型升级时，交通基础设施投资可以通过扩大市场需求和进行技术创新促进产业结构转型升级，但未能通过改善资源错配促进产业结构转型升级；第二，当从产业结构合理化维度衡量产业结构转型升级时，现阶段交通基础设施投资不能通过扩大市场需求、改善资源错配和进行技术创新促进产业结构转型升级；第三，鉴于中介效应检验结果，本章仅对以产业结构高度化维度衡量产业结构转型升级时的有调节的中介效应显著性进行讨论，结果得到交通基础设施投资影响市场需求水平、资源配置水平和技术创新水平三个中介变量的过程路径受到"一带一路"倡议的正向调节，即随着"一带一路"倡议的推进，交通基础设施投资通过扩大市场需求、改善资源配置和促进技术创新对产业结构转型升级的中介效应显著增大。本章也通过一系列稳健性检验证明了上述结论的可靠性。

第6章

产业结构转型升级对交通基础设施投资的作用机制

同样基于第 4 章的研究结论，可以明确全国范围产业结构转型升级能够有效促进交通基础设施投资水平的提升，在此基础上有必要进一步对产业结构转型升级影响交通基础设施投资的作用机制进行探究。因此，本章将基于交通运输需求变化的视角，首先对产业结构转型升级促进交通基础设施投资水平提升的具体作用路径和"一带一路"倡议的实施对其作用路径产生的影响进行机理分析假设，其次通过实证分析方法对相关研究假设是否成立进行检验。

6.1 机理分析与研究假设

区域经济发展伴随着产业结构的不断调整，运输需求基于产业结构比例的不同也会在多个方面产生较大变化，从而有利于激发交通运输行业的综合发展，推进交通运输结构的优化调整，以及扩大运输结构调整后主要运输方式的基础设施投资。基于此，本章从交通运输需求变化的视角讨论产业结构转型升级对交通基础设施投资的作用路径。

6.1.1 交通运输结构调整的中介作用

在区域经济的动态发展过程中,不同时期会具有不同的运输结构和产业结构特点。在区域经济发展过程中,主导产业的变更和产业的迁移与迁出等产业结构调整都会直接影响交通运输需求从而引起交通运输结构的调整,而交通运输需求直接决定了区域交通基础设施投资[311]。具体来说,区域经济发展经历了分别由要素、投资和创新作为导向的三个主要阶段[312]。首先,在要素导向阶段,正值区域经济发展初期,影响区域发展的主要因素包括地理区位和自然禀赋等自然要素,此时区域形成了以第一产业为主导的粗放式经济发展模式,导致了较低水平的区域经济关联,制约了交通运输行业的系统发展,交通运输需求水平整体较低。其次,在投资导向阶段,该阶段主要依靠吸引大量外部资金、引进先进的生产技术和管理模式促进区域经济发展,区域交通可达性不仅对区域实现招商引资至关重要,而且对降低生产和交易成本助推产业集聚进而产生规模经济效应影响深远,尤其该阶段区域经济发展主要以第二产业为主导,交通运输也主要服务于重工业发展。最后,在创新导向阶段,区域经济的不断发展促使产业结构得以优化,产业主要通过提升生产效率取得相同产业间的竞争优势以获得更高的经济利润,而生产效率的提高主要基于高新技术的研发创新,该阶段交通运输将以高科技产业为主的第三产业作为服务主体。由此可见随着我国供给侧结构性改革的进一步深入,产业结构从过去最初的"一二三"结构向着"三二一"结构进行演化,优化产业结构的同时也形成了对交通运输的显著带动,由此交通运输结构调整得以实现,进而能够更好满足我国经济高质量发展对交通运输提出的要求。由于交通运输业的快速发展在带动区域经济快速增长的同时也伴随着能源消耗、空气污染和温室气体排放等环境问题,因此,当前区域经济发展和产业结构转型升级对交通运输结构调整提出了既要保证运输的高效率和高质量还要能够实现节能减排。就目前我国交通运输所处的发展阶段,公路和铁路以承担旅客运输任务为主，公路和水运以承担货物运输任务为主[313]，其中公路运输不仅能耗大而且是产生交通运输碳排放和污染物排放的主要来源，相比之下实施铁路和水路运输则是相对环保而且运输成本也较为低廉的运输方式，由此我国交通运输结构调整主要是发展以铁路运输为主的多式联运网络[314]，引导公路运输向铁路运输进行转移，改善运输方式之间运力分配不合理造成的公路运输压力过大以及环境污染问题。基于交通运输需求对区域交通基础设施投资的决定作用，交通运输结构的调整必然会对交通基础设施投资产生重要影响。综上所述，本章提出研究假设 H6－1：

H6－1：产业结构转型升级可以通过交通运输结构调整促进交通基础设施投资水平的提升。

6.1.2　"一带一路"倡议的调节作用

新技术、新模式、新业态和战略新兴产业等第三产业的快速发展有利促进了我国产业结构朝着更加优化和合理的方向发展，而产业结构的转型升级会对交通运输需求产生影响从而引起交通运输结构的调整，为保障我国经济的可持续健康发展，交通运输结构会向着以铁路为主的多式联运进行转变以提升综合交通运输体系供给质量的同时实现交通运输业的整体节能减排。"一带一路"倡议提出后，我国在"五通"理念指导下，为各国搭建了国际合作的共享共建交流平台并采取了一系列的政策激励措施，这在一定程度上有效促进了我国对外贸易发展，对外贸易发展又会积极作用于我国产业结构的优化升级，同时会对交通运输需求产生影响。此外，为保障"一带一路"交流合作的顺畅与高效，基础设施一直以来被视为优先建设领域，虽然道路联通是保障，但铁路将是重中之重，由此要推进欧亚大陆铁路建设。尤其是高铁在"一带一路"倡议下得到了快速发展，并在共建"一带一路"过程中发挥了稳固互联互通的桥梁和加速战略构想早日实现的作用。综上所述，本章提出研究假设 H6－2：

H6－2："一带一路"倡议在产业结构转型升级与交通运输结构之间

起正向调节作用。

根据上述机理分析与研究假设，本章构建了产业结构转型升级影响交通基础设施投资的作用机制框架，具体如图6.1所示。

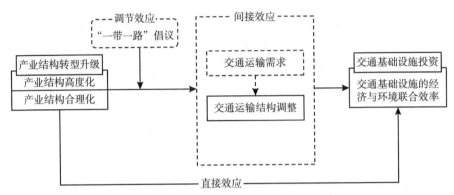

图6.1　产业结构转型升级影响交通基础设施投资的作用机制

6.2　相关模型设定

通过第4章研究发现，从全国来看产业结构转型升级能够在一定程度上促进交通基础设施投资水平的提升。并且基于上述机理分析，产业结构转型升级可以通过交通运输结构调整间接促进交通基础设施投资水平的提升，因此本章通过构建中介效应模型对以上研究假设进行检验。此外，为了探究在产业结构转型升级影响交通运输结构调整的过程中是否受到"一带一路"倡议的正向调节，本章又构建了有调节的中介效应模型进行考查。构建模型如下。

6.2.1　中介效应模型

$$Trs_{it} = a_0 + a_1 Ins_{it-1} + a_2 X_{it-1} + \gamma_t + \mu_i + \varepsilon_{it} \qquad (6.1)$$

$$UE_{it} = b_0 + b_1 Ins_{it-1} + b_2 Trs_{it-1} + b_3 X_{it-1} + \gamma_t + \mu_i + \varepsilon_{it} \tag{6.2}$$

其中，i 和 t 分别为地区和年份；UE 为交通基础设施投资水平；Ins 为产业结构转型升级情况，分别从产业结构高度化水平（$Upgrade$）和产业结构合理化水平（$Ration$）两个维度进行衡量；Trs 为交通运输结构；X 为控制变量；γ_t 为时间固定效应；μ_i 为地区固定效应；ε_{it} 为随机误差项。为避免模型中被解释变量和解释变量之间存在的反向因果关系，本章对解释变量和控制变量均作滞后一期处理。交通运输结构的中介效应为 $a_1 b_2$。

6.2.2　有调节的中介效应模型

$$Trs_{it} = c_0 + c_1 Ins_{it-1} + c_2 silkroad_i \times post_{t-1} + c_3 Ins_{it-1} silkroad_i$$

$$\times post_{t-1} + c_4 X_{it-1} + \gamma_t + \mu_i + \varepsilon_{it} \tag{6.3}$$

$$UE_{it} = d_0 + d_1 Ins_{it-1} + d_2 Trs_{it-1} + d_3 silkroad_i \times post_{t-1}$$

$$+ d_4 Ins_{it-1} silkroad_i \times post_{t-1} + d_5 X_{it-1} + \gamma_t + \mu_i + \varepsilon_{it} \tag{6.4}$$

其中，$silkroad \times post$ 为倡议虚拟变量，作为模型的调节变量。其他变量含义与式（6.1）和式（6.2）中的一致。同样为避免模型中被解释变量和解释变量之间存在的反向因果关系，本章对解释变量和控制变量均作滞后一期处理。在"一带一路"倡议的调节作用下，交通运输结构的有调节的中介效应为 $d_2(c_1 + c_3 silkroad_i \times post_{t-1})$。为降低多重共线性，本章利用极差标准化方法对变量交通基础设施投资、交通运输结构、产业结构高度化水平和合理化水平进行标准化处理，之后再构造产业结构转型升级的两个维度分别与倡议虚拟变量的交互项。

6.3　变量选取和数据来源

本章收集了除西藏、港澳台地区外的全国 30 个省区市 2007~2018 年的面板数据。各变量的具体选取情况及数据来源如下。

（1）被解释变量（*UE*）。

本章是运用交通基础设施投资同经济与环境综合发展之间的投入产出比，即运用交通基础设施的经济与环境联合效率对交通基础设施投资水平进行测度，通过选择 RAM 模型并采用 MAXDEA 软件予以实现，由于 RAM 模型公式已在第 3 章中进行详细介绍，本章只对该模型中涉及的指标及数据来源进行简单回顾。关于指标选取，具体以劳动力、资本存量和能源消耗作为投入指标，以交通运输业发展所带来的期望产出和非期望产出作为产出指标。关于数据来源，相关指标在处理过程中所需数据的来源已在第 3 章中进行过详细介绍，此处不再赘述，具体数据收集了除西藏、港澳台地区外的全国 30 个省区市 2007～2018 年的面板数据。

（2）解释变量（*Ins*）。

选取产业结构转型升级作为解释变量，考虑到对产业结构转型升级（*Ins*）从两个维度进行衡量，因此将产业结构高度化水平（*Upgrade*）和产业结构合理化水平（*Ration*）分别作为被解释变量进行讨论。产业结构高度化与产业结构合理化的内在含义和具体衡量方法已在第 3 章中进行详细介绍，本章不再进行赘述。关于两个变量进行计算时所需的数据，均来源于中国和各省市《统计年鉴》，具体数据收集了除西藏、港澳台地区外的全国 30 个省区市 2007～2018 年的面板数据。另外，本章同样对产业结构合理化水平进行逆向指标正向化处理。

（3）中介变量（*Trs*）。

为了考察"一带一路"背景下产业结构转型升级可以通过交通运输结构调整促进交通基础设施投资水平的提升，借鉴柴建等利用各交通运输方式的运输换算周转量占交通运输行业综合换算周转量的比重对交通运输结构进行衡量。具体本章交通运输结构采用铁路运输换算周转量与交通运输行业综合换算周转量的比值表示，交通运输结构以铁路运输为调整方向的原因主要包括：一是目前我国客货运输中铁路运输都是最主要的运输方式之一；二是根据当前区域经济发展和产业结构转型升级对交通运输结构调

整提出既要保证较高运输效率和质量还要能够实现节能减排的要求，我国
"十三五"规划重点提出交通运输结构调整应主要发展以铁路运输为主的
多式联运网络。所涉变量计算数据的具体来源为《中国统计年鉴》。我国
交通运输结构情况如图 6.2 所示，可知全国铁路运输换算周转量占交通运
输行业综合换算周转量的比重在 2013 年之前具有波动下降趋势，但之后
又呈现出平稳态势。分地区来看，铁路运输换算周转量占交通运输行业综
合换算周转量的比重在东部地区基本保持稳定，而在中、西部地区的发展
趋势基本与全国情况相似。由此可见，全国层面和区域层面的铁路运输换
算周转量占交通运输行业综合换算周转量的比重并未有所上升，我国交通
运输结构还具有较大的优化和调整空间。

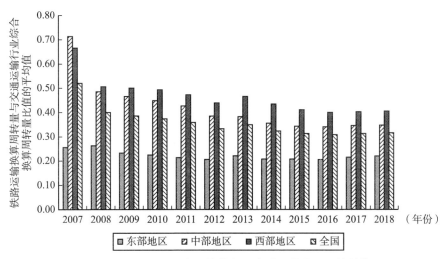

图 6.2　2007～2018 全国整体和三大地区的交通运输结构

随着我国产业结构由过去最初的"一二三"结构向着"三二一"结
构进行优化调整，产业结构变化对交通运输提出了新的发展要求，与此同
时组成现代交通运输系统的铁路、公路、水路、航空和管道的五种交通运
输方式在技术经济优势方面各有不同，就导致了各交通运输方式在客货运
输中所占比重具有较大差异。根据产业发展重点，当前我国交通运输主要

服务于以高科技产业为主的第三产业，对交通运输提出的要求是提供更为经济、高效、安全、便捷的客货运输服务。据国家统计局关于旅客运输量和货物运输量的相关数据显示，目前我国客运方面主要由公路和铁路来承担，2018年公路和铁路完成旅客发送量分别约为136.72亿人和33.75亿人，占当年总旅客发送量的76.22%和18.81%；货运方面主要由公路和水运来承担，2018年公路和水运完成的货运量分别约为395.69亿吨和70.27亿吨，占当年总完成货运量的76.79%和13.64%。由此可见，我国在综合运输服务过程中具有较为突出的结构性矛盾，公路并不合理地承担了过多的中长距离大量旅客运输和大宗货物运输，而铁路和水运等运输方式所具有的大运量、长距离、高效能、低排放等优势却未能得到充分发挥，表明我国"公转铁"的交通运输结构调整尚存在较大空间潜力。分地区货运来看，东部地区经济基础好、实力强，经济结构调整取得明显成效，第三产业发展水平要高于中、西部地区，货物运输特点呈现出所承担的具有高技术含量、高附加值和强时效性的货运量大幅增长，这对运输服务提出了高质量、高效率和高安全的更高要求。此外，由于东部地区沿海省市较多且进出口贸易水平高，大宗散装货物的运输需求较高，由此来看东部地区货物运输更加倾向于选择公路和水路运输方式。中、西部地区经济基础较低，经济总量占比虽然有所上升，但经济结构还需不断调整转换，当前产业发展主要承接东部地区产业的部分结构性转移，第一、第二产业占GDP比重仍然较高，加之长时期的北煤南运、西煤东运、北油南运、西油东运等中长距离运输格局不会有较大变化，由此来看中、部地区货物运输更加倾向于选择公路和铁路运输方式，相比东部地区铁路运输方式在中、西部地区的利用范围要广，但由于铁路运力不足以及服务不到位等原因，中、西部地区一些原本适宜选择铁路运输的货物还是经由公路运输，这也是其他运输方式向铁路运输进行转移的困难之一。分地区客运来看，随着我国城镇化进程的深入推进，人均收入水平不断提高，我国城镇居民以旅游作为代表的发展型消费需求得到快速增长，成为推动旅客运输持续快速增长的重要动力，东、中、西部地区旅客对于客运方面都提出了关于方便、快捷、舒适的更高要求，因而高速公路、高速铁路、航空等快速客运方式的市场需求呈现出不断上升的趋势，由此来看铁路运输在各地区未来的旅客运输中将发挥更加重要的作用，但现阶段铁路尤其是高速铁路还需要不断进行建设完善。

（4）调节变量（$silkroad \times post$）。

基于上述机理分析，产业结构转型升级可以通过交通运输结构调整对交通基础设施投资产生影响，而且中介过程的前半路径，即产业结构转型升级对中介变量交通运输结构产生影响的路径，受到"一带一路"倡议的正向调节，因此选取倡议虚拟变量作为调节变量进行检验。具体变量选取分组与分期虚拟变量的交互项进行表示，$silkroad_i$ 为判断地区 i 是否为沿线地区的虚拟变量，如果地区 i 是沿线地区将该变量设定为 1，否则为 0；$post_t$ 为判断在第 t 年时"一带一路"倡议是否被提出的虚拟变量，由于"一带一路"倡议是在 2013 年提出的，所以将 2013 年及之后年份的该变量设定为 1，将之前年份的设定为 0。

（5）控制变量。

在考虑产业结构转型升级对交通基础设施投资的影响时有必要控制影响交通基础设施投入产出水平的因素，结合以往相关研究，具体控制变量 X_{it} 包括：交通运输业发展规模用行业增加值表示，为剔除价格因素的影响本章采用第三产业增加值指数将其调整为以 2007 年为基期的不变价格数据；要素禀赋用交通运输业资本存量与交通运输业从业人口数量的比值表示；交通运输强度用交通运输行业综合换算周转量与地区生产总值的比值表示，为剔除价格因素的影响本章将其调整为以 2007 年为基期的不变价格数据；从业人口用交通运输业从业人员数量表示；交通网络密度用铁路、公路和内河航道里程之和与所在省区市土地面积的比值表示。控制变量中交通运输业发展规模、要素禀赋、交通运输强度和从业人口的数据来源于《中国统计年鉴》；交通网络密度的数据来源于《中国统计年鉴》和《中国区域经济统计年鉴》。

6.4　实证结果与分析

6.4.1　中介效应检验

基于 Stata 15.0 软件进行实证分析。对中介效应模型的估计结果如表 6.1 所示。表 6.1 中第（1）~第（2）列以交通运输结构作为被解释变量时，产业结构高度化水平和产业结构合理化水平都在 1% 水平下显著为正，说明产业结构高度化和合理化发展促进了交通运输结构的调整。可见随着我国产业结构的升级优化，的确可以带动交通运输结构朝着高效率、高质量和节能减排的发展方向进行调整，着力发展以铁路运输为主的多式联运网络。第（3）~第（4）列以交通基础设施投资作为被解释变量时，产业结构高度化水平和产业结构合理化水平都在 5% 水平下显著为正，同时交通运输结构在 1% 水平下显著为正，说明产业结构高度化和合理化发展促进交通基础设施投资水平提升的过程中，交通运输结构调整也对提升交通基础设施投资水平产生了积极影响。可见通过交通运输结构调整能够有效引导公路运输向铁路运输进行转移，而铁路运输相比公路运输具有的运输能力大、运输成本低廉、节能环保等优势未来在客货运输市场将具有非常大的竞争优势，对铁路基础设施进行大规模建设，尤其是进行高速铁路基础设施建设能够有效提高交通基础设施投入在经济和环境方面的产出。

表 6.1　　　　　　　　　中介效应模型的估计结果

解释变量	Trs		UE	
	（1）	（2）	（3）	（4）
Upgrade	0.183 ***		0.007 **	
	（7.87）		（2.22）	

续表

解释变量	Trs		UE	
	（1）	（2）	（3）	（4）
Ration		0.390 *** （5.00）		0.024 ** （2.51）
Trs			0.023 *** （3.53）	0.018 *** （2.60）
常数项	2.473 *** （4.66）	2.76 *** （4.46）	− 0.006 （− 0.16）	− 0.056 （− 1.07）
控制变量	Yes	Yes	Yes	Yes
时间固定效应	Yes	Yes	Yes	Yes
地区固定效应	Yes	Yes	Yes	Yes
样本数	360	360	360	360
R^2	0.544	0.515	0.346	0.380

注：括号中数值为 t 统计量，＊、＊＊和＊＊＊分别表示 10%、5% 和 1% 的显著水平。

本章利用偏差校正的百分位 Bootstrap 法进行中介效应检验。在检验中设置的 Bootstrap 取样次数为 1 000，如果中介效应值对应的置信度为 90% 的置信区间不包括 0，则说明中介效应显著。具体检验结果如表 6.2 所示，当表 6.2（a）中以产业结构高度化水平作为解释变量时，交通运输结构的中介效应为 0.006，效应值对应的置信区间不包括 0 说明交通运输结构调整的中介效应显著存在，这一结果表明从产业结构高度化维度衡量产业结构转型升级时，产业结构转型升级可以通过交通运输结构调整促进交通基础设施投资水平的提升，由此来看假设 H6 - 1 得证；当表 6.2（b）中以产业结构合理化水平作为解释变量时，交通运输结构的中介效应为 0.008，效应值对应的置信区间不包括 0 说明交通运输结构调整的中介效应显著存在，这一结果表明从产业结构合理化维度衡量产业结构转型升级时，产业结构转型升级可以通过交通运输结构调整促进交通基础设施投资水平的提升，由此来看假设 H6 - 1 得证。综合表 6.2（a）和表 6.2（b）所得结果，从产业结构高度化和产业结构合理化中的任意维度衡量产业结构转型升级都可以通过交通运输结构调整促进交通基础设施投资水平的提升。

表 6.2 （a）　　　　　　　　中介效应显著性检验

中介效应	估计值	标准误	z 统计量	P 值	90% 置信区间	
					下限	上限
Trs 中介效应 a_1b_2	0.006	0.002	3.58	0	0.003	0.009

表 6.2 （b）　　　　　　　　中介效应显著性检验

中介效应	估计值	标准误	z 统计量	P 值	90% 置信区间	
					下限	上限
Trs 中介效应 a_1b_2	0.008	0.003	2.91	0.004	0.004	0.013

6.4.2　有调节的中介效应检验

利用偏差校正的百分位 Bootstrap 法进行有调节的中介效应检验，在检验中设置的 Bootstrap 取样次数为 1 000。首先，对"一带一路"倡议的调节效应进行检验，具体检验结果如表 6.3 （a）和表 6.3 （b）所示。当表 6.3 （a）中以产业结构高度化水平作为解释变量时，d_2c_3 的置信区间为（0.035，0.150），该系数乘积对应的置信度为 90% 的置信区间不包括 0，根据系数乘积检验法可知产业结构转型升级通过交通运输结构调整对交通基础设施投资的中介效应的前半路径受到"一带一路"倡议的调节；当表 6.3 （b）中以产业结构合理化水平作为解释变量时，d_2c_3 的置信区间为（0.001，0.015），该系数乘积对应的置信度为 90% 的置信区间不包括 0，根据系数乘积检验法可知产业结构转型升级通过交通运输结构调整对交通基础设施投资的中介效应的前半路径受到"一带一路"倡议的调节。综合表 6.3 （a）和表 6.3 （b）所得结果，从产业结构高度化和产业结构合理化中的任意维度对产业结构转型升级进行衡量时都可以得到产业结构转型升级通过交通运输结构调整对交通基础设施投资的中介效应的前半路径受到"一带一路"倡议的调节的结论。其次，检验"一带一路"倡议是否存在正向调节作用及对有调节的中介效应的显著性进行检验，具体结果如表 6.4 （a）和表 6.4 （b）所示。在"一带一路"倡议的调节作用下，当表6.4（a）和表6.4（b）分别以产业结构高度化水平和产业结构合理化水平作为解释变量时，产业结构转型升级通过交通运输结构调整对交通基础设施投资的中介效应为 $d_2(c_1 + c_3 silkroad_i \times post_{t-1})$。按照调节变量的均值加减一个标准差来设定调节变量的分组条件，以考察调节变量在不同水平下自变量通过中介变量对因变量的中介效应大小。由表6.4（a）可知，当调节变量取值为低于均值一个标准差、均值和高于均值一个标准差时，交通运输结构的中介效应分别为0.138、0.189和0.749，表明产业结构转型升级通过交通运输结构调整对交通基础设施投资的中介效应的前半路径受到"一带一路"倡议的正向调节；交通运输结构的以上三个中介效应所对应的置信区间分别为（0.084，0.191）、（0.115，0.263）和（0.466，1.032），由于置信区间均不包括0，表明三个中介效应显著，而且随着调节变量取值从低于到高于均值一个标准差有所增大时，交通运输结构的中介效应变大而且显著，由此来看假设H6-2得证。同理表6.4（b）也得到相同结论。综合表6.4（a）和表6.4（b）所得结果，从产业结构高度化和产业结构合理化中的任意维度衡量产业结构转型升级时都可以得到随着"一带一路"倡议的推进产业结构转型升级通过交通运输结构调整对交通基础设施投资的中介效应显著增大的结论。

表6.3（a）　　　　　　　　有调节的中介效应显著性检验

系数乘积	估计值	标准误	z 统计量	P 值	90% 置信区间	
					下限	上限
$d_2 c_3$	0.093	0.035	2.63	0.009	0.035	0.150

表6.3（b）　　　　　　　　有调节的中介效应显著性检验

系数乘积	估计值	标准误	z 统计量	P 值	90% 置信区间	
					下限	上限
$d_2 c_3$	0.008	0.004	1.89	0.059	0.001	0.015

表6.4（a）　　调节变量不同取值下有调节的中介效应显著性检验

中介效应	调节变量取值	估计值	标准误	z 统计量	P 值	90% 置信区间	
						下限	上限
Trs 中介效应 $d_2(c_1+c_3 silkroad_i \times post_{t-1})$	低	0.138	0.032	4.24	0.000	0.084	0.191
	中	0.189	0.045	4.19	0.000	0.115	0.263
	高	0.749	0.172	4.35	0.000	0.466	1.032

注：中介变量取值的低、中、高水平分别表示中介变量取均值之下一个标准差、均值和均值之上一个标准差。

表6.4（b）　　调节变量不同取值下有调节的中介效应显著性检验

中介效应	调节变量取值	估计值	标准误	z 统计量	P 值	90% 置信区间	
						下限	上限
Trs 中介效应 $d_2(c_1+c_3 silkroad_i \times post_{t-1})$	低	0.034	0.016	2.16	0.031	0.008	0.060
	中	0.043	0.022	1.91	0.056	0.006	0.079
	高	0.134	0.078	1.71	0.086	0.005	0.262

注：中介变量取值的低、中、高水平分别表示中介变量取均值之下一个标准差、均值和均值之上一个标准差。

6.5　稳健性检验

为了确保上述结论的可靠性，本章利用联立方程模型重新对相关中介效应和有调节的中介效应进行稳健性检验。具体稳健性检验的具体过程如下。

6.5.1　模型的设定、识别与估计方法的选择

（1）模型的设定。

本章主要是探讨基于"一带一路"背景下产业结构转型升级对交通基础设施投资的作用机制。基于该研究目的，通过一定机理分析之后假设了产业结构转型升级可以通过交通运输结构调整促进交通基础设施投资水平的提升，而且产业结构转型升级对中介变量交通运输结构产生影响的路径会受到"一带一路"倡议的正向调节。为了检验假设是否成立，本章已

通过构建中介效应模型和有调节的中介效应模型进行考察，基于对研究结论进行可靠性分析具有一定必要性，同时由于研究所涉及的变量之间存在一定联立性，因此本章试图利用联立方程模型对上述中介效应和有调节的中介效应进行稳健性分析。

具体到模型的设定：首先，构建基于联立方程的中介效应模型，具体将分别以交通运输结构和交通基础设施投资水平作为被解释变量的回归模型进行组合，进而形成一个完整的联立方程模型，基于本章已对上述相关模型进行过设定，因此将其组合而成的联立方程模型即为式（6.1）~式（6.2）的组合；其次，构建基于联立方程的有调节的中介效应模型，同样是将分别以交通运输结构和交通基础设施投资水平作为被解释变量的回归模型进行组合以形成一个完整的联立方程模型，值得注意的是，被组合的回归模型虽然被解释变量相同但在模型中增加了"一带一路"倡议的调节变量，基于本章已对上述相关模型进行过设定，因此将其组合而成的联立方程模型即为式（6.3）~式（6.4）的组合。值得指出的是，本章之前设定的中介效应模型和有调节的中介效应模型，是基于似不相关回归模型的具体方法进行估计的，由于似不相关回归模型与联立方程模型都属于多方程系统，两者在模型构建形式上虽有类似但理论上却存在较大差异，而且本章上述研究并未从构建联立方程模型的视角和使用联立方程模型的具体估计方法进行相关分析，因此本章可以基于不同方法的验证，利用联立方程模型进行研究结论的稳健性检验。

（2）模型的识别。

在对联立方程模型的参数进行估计之前，要求其参数必须"可识别"，即模型的可识别是进行参数估计的前提条件。而置于模型中的某一个方程是否具有可识别性取决于它是否排除了联立方程模型中其他方程所包含的一个或几个变量，如果至少有一个方程出现了不可识别，那么整个联立方程模型将是不可识别的。已知对模型进行识别的方法包括阶条件和秩条件，根据第5章中对阶条件和秩条件的识别过程和识别标准进行的相关介绍，具体到本章联立方程模型的识别：首先，对基于联立方程的中介效应模型进行识别，模型中交通运输结构和交通基础设施投资水平为内生变量，每个方程中的控制变量集均存在有不同的外生变量，由此会产生对模型的排除性约束，而且在每个方程中被施以零约束的变量个数均要多于内生变量的个数，这满足联立方程模型可进行识别的阶条件。通常来说，阶条件的满足意味着秩条件也会同样得到满足，因此可视本章基于联立方程的中介效应模型同时满足阶条件和秩条件，即该模型可被识别，再利用阶条件判断得到基于联立方程的中介效应模型中每一个方程均是过度识别的。其次，对基于联立方程的有调节的中介效应模型进行识别，具体识别过程与上述对基于联立方程的中介效应模型的识别相同，经识别该模型能够同时对阶条件和秩条件进行满足，而且存在于模型中的任一方程都是过度识别的。

（3）模型估计方法的选择。

在经过模型识别之后，明确本章所设联立方程模型能够同时满足阶条件和秩条件，因此接下来可对模型进行一致性估计。对于联立方程模型的估计方法可以划分为两类：第一类是"单一方程估计法"，又被称为"有限信息估计法"（limited information estimation）；第二类是"系统估计法"，又被称为"全信息估计法"（full information estimation）。关于上述两类方法所具有的优劣势及其各自主要包括的具体方法均在第 5 章进行了介绍，这里不再赘述。具体到本章对联立方程模型进行估计，基于模型识别的结果同时兼具模型估计的稳健性和有效性，从单一方程估计法和系统估计法中各选择一种具体方法进行估计。由于 2SLS 和 3SLS 分别是两类方法中最常使用的方法，因此本章同样选择 2SLS 和 3SLS 对基于联立方程的中介效应模型和基于联立方程的有调节的中介效应模型估计以进行稳健性检验。

6.5.2 检验结果与分析

（1）中介效应检验。

基于 Stata 15.0 软件对中介效应和有调节的中介效应进行稳健性检验。首先，分别利用 2SLS 和 3SLS 对基于联立方程的中介效应模型进行估计，具体结果如表 6.5 所示。可知表 6.5 对比表 6.1 除了变量估计系数略有差

表6.5 基于联立方程的中介效应模型的估计结果

解释变量	式(6.1)				式(6.2)			
	Trs				UE			
$Upgrade$	0.183*** (0.000)	0.178*** (0.000)			0.007** (0.027)	0.005* (0.100)		
$Ration$			0.390*** (0.000)	0.383*** (0.000)			0.025*** (0.010)	0.022** (0.021)
Trs					0.023*** (0.000)	0.035*** (0.000)	0.017** (0.011)	0.022*** (0.001)
常数项	2.473*** (0.000)	2.622*** (0.000)	2.761*** (0.000)	2.864*** (0.000)	-0.006 (0.877)	0.005 (0.890)	-0.045 (0.355)	-0.046 (0.334)
估计方法	2SLS	3SLS	2SLS	3SLS	2SLS	3SLS	2SLS	3SLS
控制变量	Yes	Yes	Yes	Yes	Yes	Yes	Yes	Yes
时间固定效应	Yes	Yes	Yes	Yes	Yes	Yes	Yes	Yes
地区固定效应	Yes	Yes	Yes	Yes	Yes	Yes	Yes	Yes
样本数	360	360	360	360	360	360	360	360
R^2	0.544	0.544	0.515	0.515	0.346	0.339	0.379	0.377

注：括号中数值为 p 值，*、** 和 *** 分别表示10%、5%和1%的显著水平。

异外，其估计系数符号和显著性并未发生明显变化。其次，利用偏差校正的百分位 Bootstrap 法进行中介效应检验。在检验中设置的 Bootstrap 取样次数为 1 000，如果中介效应值对应的置信度为 90% 的置信区间不包括 0，则说明中介效应显著。具体检验结果如表 6.6 所示，其中表 6.6（a）和表 6.6（b）分别是以产业结构高度化水平和产业结构合理化水平作为解释变量时的检验结果，可知表 6.6（a）和表 6.6（b）中除了变量的中介效应估计值略有差异外，其估计值符号和显著性均与表 6.2（a）和表 6.2（b）基本保持一致。因此，本章相关中介效应结论比较稳定。

表 6.6（a）　　　　　　　稳健性检验的中介效应显著性检验

估计方法	中介效应	估计值	标准误	z 统计量	P 值	90% 置信区间	
						下限	上限
2SLS	Trs 中介效应 $a_1 b_2$	0.004	0.002	2.69	0.007	0.002	0.007
3SLS	Trs 中介效应 $a_1 b_2$	0.006	0.002	3.25	0.001	0.003	0.009

表 6.6（b）　　　　　　　稳健性检验的中介效应显著性检验

估计方法	中介效应	估计值	标准误	z 统计量	P 值	90% 置信区间	
						下限	上限
2SLS	Trs 中介效应 $a_1 b_2$	0.006	0.003	2.25	0.024	0.002	0.011
3SLS	Trs 中介效应 $a_1 b_2$	0.008	0.003	2.85	0.004	0.004	0.013

（2）有调节的中介效应检验。

利用偏差校正的百分位 Bootstrap 法进行有调节的中介效应检验，在检

验中设置的 Bootstrap 取样次数为 1 000。首先，对"一带一路"倡议的调
节效应进行检验，具体检验结果如表 6.7 所示。其中表 6.7（a）和表 6.7
（b）分别是以产业结构高度化水平和产业结构合理化水平作为解释变量
时的检验结果，可知表 6.7（a）和表 6.7（b）中的乘积系数的显著性与
表 6.3（a）和表 6.3（b）基本保持一致。其次，检验"一带一路"倡议
是否存在正向调节作用及对有调节的中介效应的显著性进行检验，具体结
果如表 6.8 所示。其中表 6.8（a）和表 6.8（b）分别是以产业结构高度
化水平和产业结构合理化水平作为解释变量时的检验结果，可知表 6.8
（a）和表 6.8（b）中当调节变量取值为低于均值一个标准差、均值和高
于均值一个标准差时，除了各变量的中介效应估计值略有差异外，其估计
值对应调节变量取值的变化趋势、估计值符号及其显著性均与表 6.4（a）
和表 6.4（b）基本保持一致。因此，本章相关有调节的中介效应结论比
较稳定。

表 6.7（a）　　　稳健性检验的有调节的中介效应显著性检验

估计方法	系数乘积	估计值	标准误	z 统计量	P 值	90% 置信区间	
						下限	上限
2SLS	$d_2 c_3$	0.080	0.022	3.63	0	0.044	0.117
3SLS	$d_2 c_3$	0.085	0.024	3.53	0	0.045	0.124

表 6.7（b）　　　稳健性检验的有调节的中介效应显著性检验

估计方法	系数乘积	估计值	标准误	z 统计量	P 值	90% 置信区间	
						下限	上限
2SLS	$d_2 c_3$	0.009	0.004	2.01	0.045	0.002	0.016
3SLS	$d_2 c_3$	0.008	0.004	2.04	0.042	0.002	0.015

表 6.8（a）　稳健性检验的调节变量不同取值下有调节的中介效应显著性检验

估计方法	中介效应	调节变量取值	估计值	标准误	z 统计量	P 值	90% 置信区间	
							下限	上限
2SLS	Trs 中介效应 $d_2(c_1 + c_3 silkroad_i \times post_{t-1})$	低	0.142	0.032	4.39	0.000	0.089	0.195
		中	0.192	0.047	4.05	0.000	0.114	0.270
		高	0.737	0.160	4.59	0.000	0.473	1.001
3SLS	Trs 中介效应 $d_2(c_1 + c_3 silkroad_i \times post_{t-1})$	低	0.138	0.032	4.31	0.000	0.085	0.190
		中	0.189	0.044	4.31	0.000	0.117	0.261
		高	0.749	0.171	4.39	0.000	0.468	1.029

注：调节变量值的低、中、高水平分别表示调节变量取均值之下一个标准差，均值和均值之上一个标准差。

表 6.8（b）　稳健性检验的调节变量不同取值下有调节的中介效应显著性检验

估计方法	中介效应	调节变量取值	估计值	标准误	z 统计量	P 值	90% 置信区间	
							下限	上限
2SLS	Trs 中介效应 $d_2(c_1 + c_3 silkroad_i \times post_{t-1})$	低	0.032	0.016	1.98	0.047	0.005	0.058
		中	0.040	0.022	1.83	0.067	0.004	0.075
		高	0.128	0.074	1.72	0.085	0.006	0.249
3SLS	Trs 中介效应 $d_2(c_1 + c_3 silkroad_i \times post_{t-1})$	低	0.034	0.017	2.02	0.043	0.006	0.062
		中	0.043	0.022	1.98	0.048	0.007	0.078
		高	0.134	0.077	1.73	0.084	0.007	0.261

注：调节变量值的低、中、高水平分别表示调节变量取均值之下一个标准差，均值和均值之上一个标准差。

综上所述，本章采用联立方程模型的估计方法重新对相关中介效应和有调节的中介效应进行稳健性检验之后，检验结果表明本章所得结论比较可靠。

6.6　本章小结

通过第 4 章研究发现，从全国来看交通基础设施投资与产业结构转型升级之间存在一定相互促进关系，本章也主要是承接第 4 章内容重点讨论产业结构转型升级对交通基础设施投资的作用机制。本章基于 2007 ～ 2018 年全国样本数据，在对产业结构转型升级影响交通基础设施投资的作用路径进行假设之后，基于所构建的中介效应模型对其进行检验，并通过构建有调节的中介效应模型考察"一带一路"倡议的实施是否对产业结构转型升级影响交通基础设施投资的作用机制产生正向调节作用。

具体地，本章通过机理分析之后假设产业结构转型升级可以通过交通运输结构调整的中介路径间接促进交通基础设施投资水平的提升，而且中介过程的前半路径，即产业结构转型升级对交通运输结构调整的中介变量产生影响的路径受到"一带一路"倡议的正向调节。之后通过实证检验得到的结论包括：第一，不论是以产业结构高度化维度还是以产业结构合理化维度衡量产业结构转型升级时，都可以得到产业结构转型升级通过交通运输结构调整促进交通基础设施投资水平提升的结论；第二，不论是以何种维度（产业结构高度化维度/产业结构合理化维度）衡量产业结构转型升级时，都可以得到产业结构转型升级影响交通运输结构调整中介变量的过程路径受到"一带一路"倡议的正向调节，即随着"一带一路"倡议的推进产业结构转型升级通过交通运输结构调整对交通基础设施投资的中介效应显著增大。本章也通过一系列稳健性检验证明了上述结论的可靠性。

第 7 章

研 究 结 论 、 启 示 和 研 究 展 望

本章首先对前面各章节研究得到的主要结论进行系统梳理和归纳总结；其次基于研究结论，结合共建"一带一路"背景、当前我国交通基础设施的投入产出水平、现阶段产业结构调整要求，提出相关的政策启示；最后指出本书研究中存在的一些不足之处和后续研究中可以进一步深入的空间。

7.1 研 究 结 论

本书的主要研究结论如下。

（1）全国交通基础设施投资水平总体较好，沿线地区交通基础设施投资水平在"一带一路"倡议提出后反超非沿线地区。基于可持续发展理念，本书中交通基础设施投资水平是指交通基础设施的经济与环境联合效率，即交通基础设施投资同经济与环境综合发展之间的投入产出比。在对全国各省区市的交通基础设施的经济效率、环境效率和联合效率分别进行测算之后，得出结果：全国层面，虽然我国交通基础设施发展所取得的经济效益要大于环境效益，但是总体上我国交通基础设施发展带来了经济发展与碳排放的良性耦合。区域层面，非沿线地区的交通基础设施发展取

得了较好的经济效益；沿线地区的交通基础设施发展带来较少的环境污染；从兼顾经济发展与环境保护的情况来看，非沿线地区的交通基础设施发展取得了较好的成绩，而沿线地区相对落后，但两个地区间的差距不大，沿线地区发展具有追赶势头，具体表现在"一带一路"倡议提出后沿线地区的交通基础设施经济与环境联合效率有所反超。

（2）"一带一路"倡议在一定程度上对交通基础设施投资和产业结构转型升级都具有积极的政策影响。"一带一路"倡议的实施显著促进了我国沿线地区交通基础设施投资水平的提升，但存在区域异质性，在东部地区存在显著正向影响，而在中西部地区影响却不显著。本书产业结构转型升级是从产业结构高度化和合理化两个维度进行考虑，其中"一带一路"倡议的实施对全国产业结构高度化水平的提高具有显著促进作用，但却没有显著促进全国产业结构合理化水平的提升。"一带一路"倡议对产业结构转型升级的影响也呈现出明显的区域异质性特征，具体地，"一带一路"倡议对沿线中部地区产业结构转型升级具有积极推动作用，不仅促进了产业结构高度化水平的提高，而且促进了产业结构合理化水平的提升；"一带一路"倡议对沿线西部地区产业结构高度化水平的提高具有积极促进作用，而对该地区产业结构合理化水平的提升没有显著促进作用；"一带一路"倡议对沿线东部地区的产业结构高度化和合理化水平的提升都没有显著促进作用。

（3）交通基础设施投资与产业结构转型升级之间存在一定相互促进关系。从全国来看，交通基础设施投资水平的提升在短期和长期都能够积极促进产业结构高度化发展，但短期内对产业结构合理化发展具有一定抑制作用，而从长期来看几乎没有影响；产业结构合理化发展在短期和长期都能够积极促进交通基础设施投资水平的提升，而产业结构高度化发展短期和长期对交通基础设施投资水平的提升作用都不明显。基于产业结构转型升级是从产业结构高度化和合理化两个维度进行考虑，因此可以得到全国样本下交通基础设施投资与产业结构转型升级之间存在一定相互促进关系。分地区来看，东部地区交通基础设施投资水平的提升短期内对产业结构高度化发展和产业结构合理化发展作用均不明显，但从长期来看对产业结构高度化发展具有正向促进作用，而对产业结构合理化发展具有负向抑制作用；产业结构高度化发展短期和长期对交通基础设施投资水平的提升都具有一定负向抑制作用；产业结构合理化发展虽然在短期内对交通基础设施投资水平的提升具有一定促进作用，但从长期来看具有负向抑制作用。中部地区交通基础设施投资水平的提升与产业结构合理化发展之间短期和长期都具有相互促进作用；交通基础设施投资水平的提升与产业结构高度化发展之间短期内相互没有作用，但从长期来看交通基础设施投资水平的提升对产业结构高度化发展具有正向促进作用，产业结构高度化发展则对交通基础设施投资水平的提升具有负向抑制作用。西部地区交通基础设施投资水平的提升在短期和长期对产业结构高度化发展具有正向促进作用，而对产业结构合理化发展几乎没有作用；产业结构合理化发展短期内对交通基础设施投资水平的提升具有显著促进作用，但从长期来看几乎没有作用；产业结构高度化发展短期和长期对交通基础设施投资水平的提升几乎都没有作用。基于方差贡献率的比较，从交通基础设施投资对产业结构高度化水平的影响程度来看，西部地区最高而东部地区最低；从交通基础设施投资对产业结构合理化水平的影响程度来看，中部地区最高而西部地区最低；从产业结构高度化水平对交通基础设施投资的影响程度来看，东部地区最高而西部地区最低；从产业结构合理化水平对交通基础设施投资的影响程度来看，中部地区最高而西部地区最低。

（4）交通基础设施投资可以通过扩大市场需求和进行技术创新促进产业结构转型升级，且该过程受到"一带一路"倡议的正向调节。尽管理论分析得到交通基础设施投资可以通过扩大市场需求、改善资源错配和进行技术创新三条中介路径来间接促进产业结构转型升级，但现实情况却与理论分析存在一定差异。基于产业结构转型升级是从产业结构高度化和合理化两个维度进行考虑，当从产业结构高度化维度衡量产业结构转型升级时，交通基础设施投资可以通过扩大市场需求和进行技术创新促进产业结构转型升级，但未能通过改善资源错配促进产业结构转型升级；当从产业结构合理化维度衡量产业结构转型升级时，现阶段交通基础设施投资不能通过扩大市场需求、改善资源错配和进行技术创新促进产业结构转型升级。此外，以产业结构高度化维度衡量产业结构转型升级时，交通基础设施投资影响市场需求水平、资源配置水平和技术创新水平三个中介变量的过程路径受到"一带一路"倡议的正向调节，即随着"一带一路"倡议的推进交通基础设施投资通过扩大市场需求、改善资源配置和促进技术创新对产业结构转型升级的中介效应显著增大。

（5）产业结构转型升级可以通过交通运输结构调整促进交通基础设施投资水平的提升，且该过程受到"一带一路"倡议的正向调节。不论是以产业结构高度化维度还是以产业结构合理化维度衡量产业结构转型升级时，都可以得到产业结构转型升级通过交通运输结构调整促进交通基础设施投资水平提升的结论。不论是以产业结构高度化维度还是以产业结构合理化维度衡量产业结构转型升级时，都可以得到产业结构转型升级对交通运输结构调整的中介变量产生影响的路径受到"一带一路"倡议的正向调节，即随着"一带一路"倡议的推进，产业结构转型升级通过交通运输结构调整对交通基础设施投资的中介效应显著增大。

7.2　政策启示

（1）巩固和强化"一带一路"倡议实施的交通基础设施投资水平促进效应。第　，"　带一路"倡议的实施的确可以通过发展交通基础设施带来经济发展与碳排放的良性耦合，即对沿线地区交通基础设施投资水平的提升具有显著促进效应。因此，现阶段"一带一路"倡议的实施应继续坚持以国家和地区间的交通基础设施互联互通作为发展的突破口。交通基础设施的互联互通建设在对接"一带一路"沿线国家和地区发展战略的同时，也将为区域间协同发展与共同繁荣增添新的活力。第二，"一带一路"倡议的实施并未实现沿线地区整体交通基础设施投资水平的提升，这与地区经济发展水平和开放环境密切相关，正如经济基础雄厚而且对外开放程度较高的东部地区具有显著的"一带一路"倡议实施的交通基础设施投资水平促进效应，而中西部则不显著。虽然需要正视我国各地区经济发展水平无法实现绝对平衡且短期内也难以较快显现调整效果，但中西部地区还是应努力把握"一带一路"倡议对进一步扩大我国开放环境带来的机遇。为了沿线地区整体能够实现"一带一路"倡议实施的交通基础设施投资水平促进效应，我国在下阶段有必要与沿线国家和地区在交通基础设施的建设及互联互通方面建立完善的协调沟通机制，而与具有紧密地缘关系及经贸往来关系的国家和地区进行深入合作可成为"·带一路"倡议实施的重点。

（2）进一步提升"一带一路"倡议实施的产业结构转型升级促进效应。第一，基于"一带一路"倡议的实施为我国实现产业结构转型升级和发挥结构驱动红利提供了很好的发展平台，因此应重点从制度保障、政策优惠和人才激励等方面入手，继续深入推进"一带一路"倡议的实施。第二，鉴于现阶段"一带一路"倡议实施的产业结构转型升级效应主要是通过促进我国产业结构高度化发展得以实现的，因此为了巩固现有成果一方面我国需要基于"一带一路"区域价值链的形成，继续将失去竞争优势的边际产业进行转移，努力加快自主创新能力的提升并集中国内稀缺资源优先发展战略性新兴产业和高新技术产业等具有比较优势的产业，从而有利于实现产业从价值链中低端向高端的跨越；另一方面我国需要借助"一带一路"倡议的贸易促进效应，同时充分发挥贸易结构的先导作用和贸易自由化的竞争作用，积极推动产业结构高度化发展。第三，鉴于现阶段"一带一路"倡议的实施对我国产业结构合理化发展的促进作用还不显著，因此为了抓住共建"一带一路"发展机遇，实现生产要素的合理配置和产业间的协调发展，应充分利用"一带一路"倡议为我国对外开放搭建的各领域新的交流合作平台，通过拉动国内外市场需求使国内产能过剩问题得以有效缓解，进而实现生产要素的合理配置。此外，还应借助沿线国家的产业关联性和互补性优势使国内产业结构得以加快调整，实现产业间的合理布局和协调发展。第四，重视"一带一路"倡议在实施过程中对沿线地区产业结构发展的异质性影响，具体在推进"一带一路"倡议过程中，要结合经济发展基础和区位发展优势等地区实际情况考虑与"一带一路"倡议实施是否存在耦合协调关系，发展各地方特色优势产业作为主导产业，同时加强产业间的关联水平，以实现"一带一路"倡议的实施对产业结构合理化发展的推动作用。

（3）主动适应市场需求变化、改善资源错配和强化技术创新。第一，结合我国要素禀赋的演变发展，从被动适应到主动适应国外需求结构的变化趋势。随着我国经济的快速发展，人民生活水平不断提高，国内市场需求水平在规模上不断扩大，结构上不断升级；反观国外市场需求，由于近年来全球经济格局和贸易环境等发生深刻调整，贸易保护主义不断抬头，导致我国的外贸依存度有所下降，让原本长期处于全球价值链体系低附加值环节的我国在拓宽外贸渠道和扩大国外市场需求方面困难加剧。一直以来，国外市场对我国劳动密集型和资源密集型产品需求最大，两类产品尽管作为我国传统要素禀赋，相较于资本与技术密集型产品、服务贸易，对推动产业结构转型升级作用却极为有限，而且当前我国劳动密集型产品和资源密集型产品分别面临人口红利下降导致的劳动力成本上升和资源的不可再生枯竭，这些都将使两类产品缺乏市场的未来竞争优势。虽然过往贸易合作惯性和贸易环境变化对我国技术密集型产品及服务贸易方面的需求具有一定负面影响，但考虑到这两类产品在全球进口需求结构中所占比重不断提高，基于动态比较优势的视角有必要兼顾考虑我国要素禀赋和全球需求结构的发展变化，这有利于推动自身在全球价值链高附加值环节的嵌入。这就要求我国一方面通过需求分析展开对全球进口需求结构演变的趋势预判，以此实现所制定的产业发展和对外贸易战略具有包容性；另一方面需要加快培育新的要素禀赋，依靠优化制度环境、拓宽融资渠道和鼓励技术创新等举措，进一步加强我国技术密集型产业及现代服务业在国际社会的市场竞争优势，努力增强两者在高新技术产品中的出口和离岸服务外包等高附加值环节的市场份额，由过去被动适应转变为主动适应全球需求结构的变动，且未来能够占据全球价值链体系的高端环节，从而有助于实现我国产业结构的转型升级，提升我国产业抵御全球性风险的能力。第二，改善资源错配，努力提升资源配置效率。一是要打破行政性资源垄断，充分发挥市场在资源配置中的决定作用，深入推进要素市场改革。具体地，通过推进利率的市场化改革以弱化金融信贷干预，努力营造金融市场竞争环境来提高金融机构整体服务水平，加大金融机构对于各产业部门中小企业的信贷支持力度，完善农村金融服务体系努力实现多层次金融服务体系的构建目标，最终实现资本要素全方位和多层次的自由流动和有效配置；增加劳动力要素在初次分配当中的比重，进一步完善社会保障体系，大幅提高包括职业类技能培训在内的教育性财政投入力度以推进全民劳动力素质提高以及高素质劳动力的培养，进一步采取措施打破户籍制度和抑制房价对劳动力在区域之间进行自由流动的限制。二是建立全国性统一市场，突破区域壁垒。需要打破由于地方政府竞争模式影响导致的市场分割和贸易壁垒，以实现各资源要素和产品在全国范围的自由流动，具体可以通过弱化地方政府对经济领域的直接干预，加强基础设施建设和完善法律法规，制定关于要素和产品流通的统一市场标准，这样有助于规范市场竞争秩序和提升要素和产品的流通效率，最终形成一个全国的统一市场既能满足生产者获得有效资源配置的要求又能满足消费者实现消费结构优化的目的。第三，完善科技体制机制创新，搭建开放式创新系统，推动产业从价值链中低端向高端的跨越。一是以体制机制创新激发科技创新活力。加快建设完善以企业作为主体、市场作为导向和产学研呈现深度融合的技术创新体系，着力在体制机制层面优化政策性制度供给，加大对企业创新的政策支持力度，促进企业真正发展为研发投入和创新成果应用的主体；进一步完善知识产权制度，严厉打击存在知识产权侵权的行为，保护企业的创新积极性；制定具有鼓励创新行为的金融政策，引导金融机构加大技术资金投入以保障企业开展创新研发活动。二是搭建开放式创新系统开拓企业协同创新之路。建立包含产品、品牌和商业模式等在内的多种创新因素同技术创新紧密关联的多层次协同创新体系，实现从产业模块化向开放式创新的转变。三是加强企业自主创新能力培育，在创新数量具有一定规模水平后，进一步加快创新质量的提升，促进创新由数量向质量的驱动转型，推动产业逐步向价值链高端迈进。

（4）基于产业结构转型升级要求，从供给侧角度优化我国交通运输结构。在区域经济的动态发展过程中，主导产业的变更和产业的迁移与迁出等产业结构调整都会直接影响交通运输需求从而引起交通运输结构的调整。随着我国供给侧结构性改革的进一步深入，产业结构得到不断优化和升级，需要构建与之相匹配的交通运输结构。第一，依靠科技进步与创新实现运输方式的改进和升级。传统粗放的交通运输发展模式已不能满足经济社会的发展需求，因此需要采取科技创新手段实现科学规划与合理布局，同时努力提升交通运输基础设施等级和加快推进新能源交通工具的探索研发等。此外，应用先进的信息化技术，将互联网、大数据融入交通运输发展过程，有助于实现智能交通的快速发展。第二，交通运输结构调整向节能减排和多式联运的运输方式进行转变。新技术、新模式、新业态和战略新兴产业等第三产业的快速发展有力促进了我国产业结构朝着更加优化和合理的方向发展，而产业结构的转型升级会对交通运输需求产生影响从而引起交通运输结构的调整，为保障我国经济的可持续健康发展，交通运输结构会向着以铁路为主建设合理高效的多式联运体系同时能够实现交通运输节能减排的方向进行转变。因此交通运输投资结构在合理规划各运输方式发展需求的前提下，应以铁路尤其是高铁为投资主体，同时强化各类运输方式间的有效联运以实现彼此间的高效衔接，具体通过多式联运方式将中长距离公路运输向铁路运输进行转移。此外，对运输场站的位置、相互间距离和场站的规模进行合理规划和设置，有利于实现各运输方式的运输集约化和规模化发展，进而实现运输效率的提升和运输过程的节能减排。第三，利用市场化手段实现铁路运输方式的快速发展。与公路运输相比，我国铁路运输仍处于市场化程度较低水平，通过引入竞争企业实现市场化经营，不仅有利于增加铁路的运输能力，而且在竞争压力驱使下有助于推动铁路运输企业不断提升其服务能力。为此有必要开放铁路运输市场，具体通过降低市场准入难度以吸引更多的社会资本进入铁路运输市场，但同时还应建立与之相应的政策监管和支持体系，以确保企业的合法进入和经营，更重要的是维护铁路运输市场的公平竞争。

7.3 研究展望

本书通过实证分析分别验证了"一带一路"倡议的实施对交通基础设施投资和产业结构转型升级均具有积极促进作用，由此表明本书进行交通基础设施投资与产业结构转型升级的相关研究时有必要考虑"一带一路"倡议提出的政策背景。之后本书基于"互动关系分析—相互间作用机制检验—'一带一路'倡议对相互间作用机制的调节验证"这一研究框架对"一带一路"倡议下交通基础设施投资与产业结构转型升级的互动机制展开研究。虽然本书具有一定的理论和现实意义，但仍然存在一些不足之处，有待进一步研究。

（1）研究对象可进一步进行细化。一方面，本书中的交通基础设施投资水平是指交通基础设施的经济与环境联合效率，是综合交通基础设施投资在经济和环境两方面的产出结果进行相关研究，在后续研究中可以进一步讨论交通基础设施经济效率和交通基础设施环境效率分别与产业结构转型升级之间的互动作用，有助于深入探究与产业结构转型升级相互作用下交通基础设施投资的经济效应和环境效应分别产生或受到了怎样的影响，这对相关政策制定和实施可能更具指导意义。另一方面，由于本书缺乏从我国公路、铁路、民航和水运等具体交通基础设施投资进行研究，而这可能导致无法从不同交通基础设施角度给出具体的政策指导，在后续研究中可以细化不同交通基础设施投资与产业结构转型升级之间的互动作用。

（2）交通基础设施投资与产业结构转型升级的互动机制可进一步拓

展。本书讨论的交通基础设施投资对产业结构转型升级的作用机制是基于资源要素合理流动和优化配置的视角，从扩大市场需求、改善资源错配和进行技术创新的中介路径进行讨论；产业结构转型升级对交通基础设施投资的作用机制是从交通运输结构调整的中介路径进行讨论。在后续研究中可以基于多角度对交通基础设施投资与产业结构转型升级的互动机制进行探究，深层揭示两者的相互作用机理。

参 考 文 献

［1］ Rosenstein – Rodan P. Problems of Industrialization of Eastern and South – Eastern Europe ［J］. The Economic Journal, 1943, 53：202 – 211.

［2］ Rostow W. W. The Stages of Economic Growth：A Non – Communist Manifesto ［M］. Cambridge：Cambridge University Press, 1990：272.

［3］ 郭庆旺, 贾俊雪. 基础设施投资的经济增长效应 ［J］. 经济理论与经济管理, 2006 (9)：36 – 41.

［4］ 刘秉廉, 武鹏, 刘玉海. 交通基础设施与中国全要素生产率增长——基于省域数据的空间面板计量分析 ［J］. 中国工业经济, 2010 (3)：54 – 64.

［5］ Calderon C. , Moral – Benito E. , Serven L. Is infrastructure capital productive? A dynamic heterogeneous approach ［J］. Journal of Applied Econometrics, 2011, 156 (2)：1 – 34.

［6］ Bougheas S. , Demetriades P. O. , Mamuneas T. P. Infrastructure, Specialization, and Economic Growth ［J］. Canadian Journal of Economics/revue Canadienne Deconomique, 2000, 33 (2)：506 – 522.

［7］ 孙早, 杨光, 李康. 基础设施投资对经济增长的贡献：存在拐点吗 ［J］. 财经科学, 2014 (6)：75 – 84.

［8］ 李涵, 黎志刚. 交通基础设施投资对企业库存的影响——基于我国制造业企业面板数据的实证研究 ［J］. 管理世界, 2009 (8)：73 – 80.

［9］ 张艳艳, 于津平, 李德兴. 交通基础设施与经济增长：基于"一带一路"沿线国家铁路交通基础设施的研究 ［J］. 世界经济研究,

2018（3）：56-68.

[10] 胡再勇，付韶军，张璐超．"一带一路"沿线国家基础设施的国际贸易效应研究 [J]．数量经济技术经济研究，2019，36（2）：25-45.

[11] 郭广珍，刘瑞国，黄宗晔．交通基础设施影响消费的经济增长模型 [J]．经济研究，2019，54（3）：168-182.

[12] 张勋，王旭，万广华，孙芳城．交通基础设施促进经济增长的一个综合框架 [J]．经济研究，2018，53（1）：50-64.

[13] 张天华，陈力，董志强．高速公路建设、企业演化与区域经济效率 [J]．中国工业经济，2018，358（1）：81-101.

[14] 张学良，孙海鸣．交通基础设施、空间集聚与中国经济增长 [J]．经济经纬，2008（2）：20-23.

[15] 黄苏萍，朱咏．铁路、公路交通基础设施对经济增长的空间溢出效应——以长三角为例 [J]．华东经济管理，2017，31（11）：20-27.

[16] Hulten C. R., Bennathan E., Srinivasan S. Infrastructure, Externalities, and Economic Development: A Study of the Indian Manufacturing Industry [J]. The World Bank Economic Review, 2006, 20 (2): 291-308.

[17] 庞跃辉，曹顺发．试析交通基础设施建设对环境影响的评估 [C]．中国西安：第四届亚太可持续发展交通与环境技术大会，2005：934-938.

[18] Laurance W. F., Clements G. R., Sloan S. et al. A Global Strategy for Road Building [J]. Nature, 2014, 513 (7517): 229-232.

[19] Lee J., Edil T. B., Benson C. H. et al. Building Environmentally and Economically Sustainable Transportation Infrastructure: Green Highway Rating System [J]. Journal of Construction Engineering and Management, 2013, 139 (12): A4013006.

[20] Wrobel A., Rokita E., Maenhaut W. Transport of Traffic-related Aerosols in Urban Areas [J]. Science of the Total Environment, 2000, 257 (2): 199-211.

［21］Luo Z., Wan C., Wang C., Zhang X. Urban Pollution and Road Infrastructure: A Case Study of China ［J］. China Economic Review, 2017, 49 (1): 171 – 183.

［22］Tan R. P., Liu K., Lin B. Q. Transportation Infrastructure Development and China's Energy Intensive Industries——A Road Development Perspective ［J］. Energy, 2018, 149: 587 – 596.

［23］梁若冰, 席鹏辉. 轨道交通对空气污染的异质性影响——基于 RDID 方法的经验研究 ［J］. 中国工业经济, 2016 (3): 83 – 98.

［24］Dalkic G., Balaban O., Tuydes – Yaman H. et al. An Assessment of the CO_2 Emissions Reduction in High Speed Rail Lines: Two Case Studies from Turkey ［J］. Journal of Cleaner Production, 2017, 165: 746 – 761.

［25］邓明. 中国城市交通基础设施与就业密度的关系——内生关系与空间溢出效应 ［J］. 经济管理, 2014, 36 (1): 163 – 174.

［26］孙钰, 王坤岩, 姚晓东. 城市公共基础设施社会效益评价 ［J］. 经济社会体制比较, 2015, 181 (5): 164 – 175.

［27］蒋海兵, 张文忠, 祁毅等. 区域交通基础设施可达性研究进展 ［J］. 地理科学进展, 2013, 32 (5): 807 – 817.

［28］鞠晴江, 庞敏. 道路基础设施影响区域增长与减贫的实证研究 ［J］. 经济体制改革, 2006 (4): 145 – 147.

［29］高颖, 李善同. 基于 CGE 模型对中国基础设施建设的减贫效应分析 ［J］. 数量经济技术经济研究, 2006 (6): 14 – 24.

［30］武力超, 孙浦阳. 基础设施发展水平对中国城市化进程的影响 ［J］. 中国人口资源与环境, 2010 (8): 121 – 125.

［31］樊怿霖. 交通基础设施投资、城镇化与地区产业升级的协调发展研究 ［D］. 武汉: 中南财经政法大学, 2018.

［32］Aschauer D. A. Is Public Expenditure Productive? ［J］. Journal of Monetary Economics, 1989, 23 (2): 177 – 200.

［33］Munnell A. Whyhas Productivity Declined? Productivity and Public

Investment［J］. New England Economic Review，1990.

［34］刘南. 高速公路对区域经济发展的影响研究——以浙江省杭甬高速公路为例［J］. 中国软科学，2002（11）：98 – 101.

［35］张学良. 中国交通基础设施与经济增长的区域比较分析［J］. 财经研究，2007（8）：52 – 64.

［36］Boarnet M. G. Spilovers and the Locational Efects of Public Infrastructure［J］. Journal of Regional Science，1998，38（3）：381 – 400.

［37］Cantos P. ，Gumbau – Albert M. ，Maudos J. Transport Infrastructures，Spillovers Effects and Ragional Growth：Evidence of the Spanish Case［J］. Transport Reviews，2005，25（1）：25 – 50.

［38］刘勇. 交通基础设施投资、区域经济增长及空间溢出作用——基于公路、水运交通的面板数据分析［J］. 中国工业经济，2010（12）：37 – 46.

［39］张学良. 中国交通基础设施促进了区域经济增长吗——兼论交通基础设施的空间溢出效应［J］. 中国社会科学，2012（3）：60 – 77.

［40］刘玉海. 交通基础设施的空间溢出效应及其影响机理研究［D］. 天津：南开大学，2012.

［41］Ezcurra R. ，Gil C. ，Pascual P. et al. Public capital，regional productivity and spatial spillovers［J］. The Annals of Regional Science，2005，39（4）：471 – 494.

［42］Cohen J. P. ，Paul C. J. M. Public Infrastructure Investment，Interstate Spatial Spillovers，and Manufacturing Costs［J］. Review of Economics and Statistics，2004，86（3）：551 – 560.

［43］张光南，杨子晖. 制度、基础设施与经济增长的实证研究——基于面板数据的分析［J］. 经济管理，2009（11）：154 – 163.

［44］张光南，李小瑛，陈广汉. 中国基础设施的就业、产出和投资效应——基于年省际工业企业面板数据研究［J］. 管理世界，2010（4）：5 – 15.

[45] A. Charnes, W. W., Cooper, E., Rhodes. Measuring the Efficiency of Decision Making Units [J]. European Journal of Operational Research, 1979, 2 (6): 429 – 444.

[46] Banker R. D. Estimating Most Productive Scale Size Using Data Envelopment Analysis [J]. European Journal of Operational Research, 1984, 17 (1): 35 – 44.

[47] 李忠富, 李玉龙. 基于 DEA 方法的我国基础设施投资绩效评价: 2003~2007 年实证分析 [J]. 系统管理学报, 2009, 18 (3): 309 – 315.

[48] 李忠民, 夏德水, 姚宇. 长江经济带交通基础设施效率分析——基于 DEA 模型的 Malmqusit 指数方法 [J]. 技术经济, 2014, 33 (7): 62 – 68.

[49] 孙钰, 王坤岩, 姚晓东. 基于 DEA 交叉效率模型的城市公共基础设施经济效益评价 [J]. 中国软科学, 2015 (1): 172 – 182.

[50] 孙钰, 王坤岩, 姚晓东. 城市公共基础设施社会效益评价 [J]. 经济社会体制比较, 2015, 181 (5): 164 – 175.

[51] 李祺, 孙钰, 崔寅. 基于 DEA 方法的京津冀城市基础设施投资效率评价 [J]. 干旱区资源与环境, 2016, 30 (2): 26 – 30.

[52] Forrester J. W. Industrial Dynamics: A Major Breakthrough for Decision Makers [J]. Harvard business review, 1958, 36 (4).

[53] McCulloch W., Pitts W. A Logical Calculus of the Ideas Immanent in Nervous Activity [J]. Bulletin of Mathematical Biophysics, 1943 (5): 115 – 133.

[54] 梅鸣, 胡天军. 沈阳过境绕城高速公路社会经济效益后评估的系统动力学模型 [J]. 交通运输系统工程与信息, 2005, 5 (2): 112 – 115.

[55] 王宇宁, 运迎霞, 范志清. 高速公路项目社会经济效益的产生机制及其评价研究 [J]. 中国工程科学, 2012, 14 (10): 97 – 102.

［56］周伟，王建军，李继锐．基于人工神经网络的影响高速公路社会效益量化的变量选择方法［J］．西安公路交通大学学报，2000，20（3）：63－66.

［57］骆有隆，唐元义，李根伟等．高速公路社会效益评价的神经网络方法［J］．武汉理工大学学报（信息与管理工程版），2004，26（6）：241－244.

［58］刘生龙，胡鞍钢．交通基础设施与中国区域经济一体化［J］．经济研究，2011（3）：72－82.

［59］刘育红，王曦．"新丝绸之路"经济带交通基础设施与区域经济一体化——基于引力模型的实证研究［J］．西安交通大学学报（社会科学版），2014，34（2）：43－48.

［60］杜军，鄢波．港口基础设施建设对中国—东盟贸易的影响路径与作用机理——来自水产品贸易的经验证据［J］．中国流通经济，2016，30（6）：26－33.

［61］龚静，尹忠明．铁路建设对我国"一带一路"战略的贸易效应研究——基于运输时间和运输距离视角的异质性随机前沿模型分析［J］．国际贸易问题，2016（2）：14－25.

［62］刘冲，周黎安．高速公路建设与区域经济发展：来自中国县级水平的证据［J］．经济科学，2014（2）：55－67.

［63］徐海东．城市高铁开通对产业升级及就业—产业耦合协调度的影响［J］．首都经济贸易大学学报，2019（5）：57－66.

［64］卞元超，吴利华，白俊红．高铁开通、要素流动与区域经济差距［J］．财贸经济，2018，39（6）：147－161.

［65］范小敏，徐盈之．交通基础设施建设是否具有减排效应——来自中国高铁开通的证据［J］．山西财经大学学报，2020，42（8）：56－70.

［66］钱纳里．工业化和经济增长的比较研究［M］．上海：上海三联书店，1989：486.

[67] 纪玉山，吴勇民. 我国产业结构与经济增长关系之协整模型的建立与实现 [J]. 当代经济研究，2006（6）：47－51.

[68] Buera F. J., Shin Y. Productivity Growth and Capital Flows: The Dynamics of Reforms [J]. Nber Working Papers, 2009, 9（3）.

[69] Jorgenson D. W., Ho M. S., Samuels J. D. et al. IndustrIndustry Origins of the American Productivity Resurgencey Origins of the American Productivity Resurgence [J]. Economic Systems Research, 2007（3）：229－252.

[70] 周明生，梅如笛. 中国产业结构变迁与经济增长的关联性分析 [J]. 经济与管理研究，2013（6）：14－20.

[71] 严成樑. 产业结构变迁、经济增长与区域发展差距 [J]. 经济社会体制比较，2016（4）：40－53.

[72] 庞瑞芝，邓忠奇. 服务业生产率真的低吗？ [J]. 经济研究，2014（12）：86－99.

[73] 李平，付一夫，张艳芳. 生产性服务业能成为中国经济高质量增长新动能吗 [J]. 中国工业经济，2017（12）：5－21.

[74] 刘伟，张辉. 中国经济增长中的产业结构变迁和技术进步 [J]. 经济研究，2008（11）：4－15.

[75] Eichengreen B., Park D., Shin K. et al. When Fast － Growing Economies Slow Down: International Evidence and Implications for China [J]. Asian Economic Papers, 2012, 11（1）：42－87.

[76] 干春晖，郑若谷，余典范. 中国产业结构变迁对经济增长和波动的影响 [J]. 经济研究，2011（5）：4－16.

[77] Rodrik D. Premature Deindustrialization [J]. CEPR Discussion Papers, 2016, 21.

[78] 吕健. 产业结构调整、结构性减速与经济增长分化 [J]. 中国工业经济，2012（9）：31－43.

[79] 于斌斌. 产业结构调整与生产率提升的经济增长效应：基于中

国城市动态空间面板模型的分析 [J]. 中国工业经济，2015（12）：83 - 98.

[80] 中国经济增长前沿课题组，张平，刘霞辉等. 中国经济长期增长路径、效率与潜在增长水平 [J]. 经济研究，2012（11）：4 - 17，75.

[81] 韩永辉，黄亮雄，邹建华. 中国经济结构性减速时代的来临 [J]. 统计研究，2016（5）：23 - 33.

[82] 张杰. 中国产业结构转型升级中的障碍、困局与改革展望 [J]. 中国人民大学学报，2016（5）：29 - 37.

[83] 渠慎宁，吕铁. 产业结构升级意味着服务业更重要吗：论工业与服务业互动发展对中国经济增长的影响 [J]. 财贸经济，2016（3）：138 - 147.

[84] 杨丽君. 论中国工业的市场化与产业结构合理化：基于动态空间面板模型的经济学分析 [J]. 软科学，2017（12）：39 - 42.

[85] Ang B. W.，Zhang F. Q.，Choi K. H. Factorizing changes in energy and environmental indicators through decomposition [J]. Energy，1998，23（6）：489 - 495.

[86] 徐大丰. 碳生产率、产业关联与低碳经济结构调整：基于我国投入产出表的实证分析 [J]. 中国软科学，2011，25（3）：42 - 56.

[87] 韩楠，于维洋. 中国产业结构对环境污染影响的计量分析 [J]. 统计与决策，2015（20）：133 - 136.

[88] 邵帅，李欣，曹建华. 中国雾霾污染治理的经济政策选择——基于空间溢出效应的视角 [J]. 经济研究，2016，51（9）：73 - 88.

[89] 张雷，黄园淅. 中国产业结构节能潜力分析 [J]. 中国软科学，2008，23（5）：27 - 29.

[90] 邱新国，谭靖磊. 产业结构调整对节能减排的影响研究：基于中国 247 个地级及以上城市数据的实证分析 [J]. 科技管理研究，2015（10）：239 - 243.

[91] 孟昌. 产业结构研究进展评述：兼论资源环境约束下的区域产

业结构研究取向 [J]. 现代财经，2012 (1)：97 – 104.

[92] 李鹏. 产业结构调整恶化了我国的环境污染吗？[J]. 经济问题探索，2015 (6)：150 – 156.

[93] 韩永辉，黄亮雄，王贤彬. 产业结构优化升级改进生态效率了吗？[J]. 数量经济技术经济研究，2016 (4)：40 – 59.

[94] 张宏艳，江悦明，冯婷婷. 产业结构调整对北京市碳减排目标的影响 [J]. 中国人口·资源与环境，2016，26 (2)：58 – 67.

[95] 张亚斌，金培振，沈裕谋. 两化融合对中国工业环境治理绩效的贡献：重化工业化阶段的经济证据 [J]. 产业经济研究，2014 (1)：40 – 50.

[96] 杜雯翠. 信息化能否降低城市环境污染？[J]. 首都经济贸易大学学报，2016，18 (2)：116 – 122.

[97] 孙振清，刘保留，李欢欢. 产业结构调整、技术创新与区域碳减排——基于地区面板数据的实证研究 [J]. 经济体制改革，2020 (3)：101 – 108.

[98] Leibenstein H. The Theory of Underemployment in Backward Economies [J]. Journal of Political Economy，1957，65 (2)：91 – 103.

[99] 武力，温锐. 1949 年以来中国工业化的"轻，重"之辨 [J]. 经济研究，2006 (9)：39 – 49.

[100] 赵建军. 关于发展不同要素密集型产业的理论争论及其启示 [J]. 当代财经，2005 (1)：85 – 90.

[101] 高德步，吕致文. 新型工业化对我国未来就业的影响 [J]. 经济理论与经济管理，2005 (2)：5 – 11.

[102] 朱劲松，刘传江. 重新重工业化对我国就业的影响——基于技术中性理论与实证数据的分析 [J]. 数量经济技术经济研究，2006，23 (12)：82.

[103] 景天魁. 论中国社会政策成长的阶段 [J]. 江淮论坛，2010 (4)：5 – 10.

［104］Banerji R. Exports of Manufactures from India：An Appraisal of the Emerging Pattern［M］. Tubingen：Mohr Siebeck，1975.

［105］Moore J. H. A Measure of Structural Change in Output［J］. Review of Income and Wealth，2010，24（1）：105 – 118.

［106］吴敬琏. 中国应当走一条什么样的工业化道路？［J］. 管理世界，2006（8）：7 – 13.

［107］何璇，张旭亮，李腾. 区域产业结构调整升级对劳动力就业影响比较研究［J］. 经济问题，2014（10）：9 – 13.

［108］胡军，向吉英. 论我国劳动力供需结构失衡下的产业结构转换［J］. 当代财经，2002（12）：51 – 53.

［109］严英龙，陈在余. 就业需求与工业化：一个新的分析框架［J］. 南京农业大学学报（社会科学版），2004，4（1）：34 – 38.

［110］郭东杰，邵琼燕. 中国制造业细分行业就业创造能力与比较优势研究［J］. 经济学家，2012（1）：41 – 48.

［111］Harrison B. ，B. Bluestone The Great U – Turn［M］. New York：Basic Books Press，1988.

［112］Sonobe M. Spatial Dimension of Social Segregation in Tokyo：Some Remarks in Comparison with London［C］. New York：Social Science Research Council，1993.

［113］冯素杰. 论产业结构变动与收入分配状况的关系［J］. 中央财经大学学报，2008，8（8）：50.

［114］靳卫东. 人力资本与产业结构转化的动态匹配效应——就业、增长和收入分配问题的评述［J］. 经济评论，2010（6）：137 – 142.

［115］林毅夫，陈斌开. 发展战略、产业结构与收入分配［J］. 经济学（季刊）.2013，12（4）：1109 – 1140.

［116］丁元，周树高，贾功祥. 我国就业的产业结构与居民收入分配关系研究［J］. 统计与决策，2104（4）：139 – 143.

［117］Jin Y. Research on the Relationship between Industrial Structure

Evolution and Industry Income Gap in Hong Kong [J]. Modern Economy, 2018, 9 (4): 682 –698.

[118] 胡立君, 郑艳. 中国收入差距与产业结构调整互动关系的实证分析 [J]. 宏观经济研究, 2019, 252 (11): 65 –75.

[119] 张小筠, 刘戒骄. 改革开放 40 年产业结构政策回顾与展望 [J]. 改革, 2018 (9): 42 –54.

[120] 威廉·科瓦西奇. 以竞争促增长: 国际视角 [M]. 北京: 中信出版社, 2016.

[121] 李海央, 朱明月. 消费信贷政策对经济增长提质增效转型升级的传导效应——基于 Bayesian FAVAR 模型的测算 [J]. 经济问题探索, 2018 (5): 25 –37.

[122] 李毓, 胡海亚, 李浩. 绿色信贷对中国产业结构升级影响的实证分析——基于中国省级面板数据 [J]. 经济问题, 2020 (1): 37 –43.

[123] 傅耀. 产业升级、贸易政策与经济转型 [J]. 当代财经, 2008 (4): 73 –79.

[124] Wahab M. Asymmetric Output Growth Effects of Government Spending: Cross-sectional and Panel Data Evidence [J]. International Review of Economics & Finance, 2011, 20 (4): 574 –590.

[125] 安苑, 宋凌云. 财政结构性调整如何影响产业结构? [J]. 财经研究, 2016 (2): 108 –120.

[126] 李新. 地方税收体制改革: 基于调节我国产业结构的视角 [J]. 扬州大学税务学院学报, 2006, 11 (4): 23 –26.

[127] 王雪珍. 产业结构调整中的财政政策支持分析 [J]. 中国市场, 2012 (14): 91 –93.

[128] 刘建武. 我国高新技术产业发展的制度创新研究 [D]. 西安: 西北大学, 2002.

[129] Burton D. M., Gomez I. A., Love H. A. Environmental Regulation Cost and Industry Structure Changes [J]. Land Economics, 2011, 87 (3):

545 – 557.

[130] 徐开军，原毅军．环境规制与产业结构调整的实证研究——基于不同污染物治理视角下的系统 GMM 估计［J］．工业技术经济，2014（12）：101 – 109．

[131] 游达明，张杨，袁宝龙．财政分权与晋升激励下环境规制对产业结构升级的影响［J］．吉首大学学报（社会科学版），2019，40（2）：21 – 32．

[132] 吴敏洁，徐常萍，唐磊．环境规制与制造业产业结构升级［J］．经济体制改革，2019（1）：135 – 139．

[133] 童健，刘伟，薛景．环境规制、要素投入结构与工业行业转型升级［J］．经济研究，2016（7）：43 – 57．

[134] 孙玉阳，穆怀中，范洪敏等．环境规制对产业结构升级异质联动效应研究［J］．工业技术经济，2020（4）：89 – 95．

[135] 孙玉阳，宋有涛，王慧玲．环境规制对产业结构升级的正负接替效应研究——基于中国省际面板数据的实证研究［J］．现代经济探讨，2018（5）：86 – 91．

[136] 王桂军，卢潇潇．"一带一路"倡议与中国企业升级［J］．中国工业经济，2019（3）：43 – 61．

[137] 王巧，佘硕．"一带一路"倡议实施的产业结构转型升级效应研究——基于中国 285 个城市 PSM + DID 的检验［J］．经济问题探索，2020（2）：136 – 147．

[138] 闫东升，马训．"一带一路"倡议、区域价值链构建与中国产业升级［J］．现代经济探讨，2020（3）：79 – 85．

[139] 况佩杰．制造业集聚对产业结构升级的影响——基于我国省级面板数据的实证分析［J］．重庆科技学院学报（社会科学版），2018（6）：45 – 57．

[140] 王帅，周明生，钟顺昌．资源型地区制造业集聚对产业结构升级的影响研究——以山西省为例［J］．经济问题探索，2020（2）：89 – 97．

［141］孙畅，曾庆均.生产性服务业集聚能否促进我国产业结构优化升级？——基于2005—2013年省际面板数据的实证检验［J］.科技管理研究，2017，37（1）：105－110.

［142］宋铮.制造业与生产性服务业集聚对产业结构的影响研究［J］.商业经济研究，2016（5）：192－195.

［143］周小亮，宋立.生产性服务业与制造业协同集聚对产业结构优化升级的影响［J］.首都经济贸易大学学报（双月刊），2019，21（4）：53－64.

［144］Buera F.，Kaboski J.，Shin Y. Finance and Development：A Table of Two Sectors［R］. NBER Working Paper，2010.

［145］孙晶，李涵硕.金融集聚与产业结构升级——来自2003—2007年省际经济数据的实证分析［J］.经济学家，2012（3）：80－86.

［146］于斌斌.金融集聚促进了产业结构升级吗：空间溢出的视角——基于中国城市动态空间面板模型的分析［J］.国际金融研究，2017（2）：12－23.

［147］Kim M. S.，Park Y. The Changing Pattern of Industrial Technology Linkage Structure of Korea：Did the ICT Industry Play a Role in the 1980s and 1990s?［J］. Technological Forecasting and Social Change，2009，76（5）：688－699.

［148］Rifkin J. The Third Industrial Revolution：How Lateral Power is Transforming Energy，the Economy，and the World［M］. New York：Palgrave Macmillan，2011.

［149］刘虹涛，靖继鹏.信息技术对传统产业结构影响分析［J］.情报科学，2002（3）：110－113.

［150］杜传忠，马武强.信息化与我国产业结构的跨越式升级［J］.山东社会科学，2003，4（4）：68.

［151］左鹏飞.信息化推动中国产业结构转型升级研究［D］.北京：北京邮电大学，2017.

［152］ Czernich N. , Falck O. , Kretschmer T. et al. Broadband Infrastructure and Economic Growth ［J］. Economic Journal, 2011, 121（552）: 505 – 532.

［153］ Formann C. , Goldfarb A. , Greenstein S. How did Location Affect Adoption of the Commercial Internet? Global Village Versus Urban Leadership ［J］. Journal of Urban Economics, 2005, 58（3）: 389 – 420.

［154］ Ivus O. , Boland M. The Employment and Wage Impact of Broadband Deployment in Canada ［J］. Canadian Journal of Economics, 2015, 48（5）: 1803 – 1830.

［155］ Miyazaki S. , Miyoshi I. H. Corporate Productivity and the Stages of ICT Development ［J］. Information Technology&Management, 2012.

［156］ Cardona M. , Kretschmer T. , Strobel T. ICT and Productivity: Conclusions from the Empirical Literature ［J］. Information Economics and Policy, 2013, 25（3）: 109 – 125.

［157］左鹏飞，姜奇平，陈静. 互联网发展、城镇化与我国产业结构转型升级 ［J］. 数量经济技术经济研究，2020（7）: 71 – 91.

［158］郭凯明. 人工智能发展，产业结构转型升级与劳动收入份额变动 ［J］. 管理世界，2019（7）: 60 – 77，202.

［159］郭凯明，王藤桥. 基础设施投资对产业结构转型和生产率提高的影响 ［J］. 世界经济，2019（11）: 51 – 73.

［160］来逢波，耿聪，王海萍. 交通基础设施投资对区域产业发展作用强度的差异性研究 ［J］. 东岳论丛，2018，39（10）: 54 – 61.

［161］郭凯明，潘珊，颜色. 新型基础设施投资与产业结构转型升级 ［J］. 中国工业经济，2020（3）: 63 – 80.

［162］邓智团，但涛波. 论我国农村剩余劳动力转移与区域产业结构演变 ［J］. 中国农村经济，2005（8）: 30 – 36.

［163］周兵，徐爱东. 产业结构与就业结构之间的机制构建——基于中国产业结构与就业结构之间关系的实证 ［J］. 软科学，2008，22（7）: 84.

[164] 曹芳芳，程杰，武拉平等. 劳动力流动推进了中国产业升级吗？——来自地级市的经验证据 [J]. 产业经济研究，2020 (1)：57 - 70，127.

[165] 张建武，宋国庆，邓江年. 产业结构与就业结构的互动关系及其政策含义 [J]. 经济与管理研究，2005 (1)：19 - 221.

[166] 冉茂盛，毛战宾. 人力资本对经济增长的作用机理分析 [J]. 重庆大学学报（社会科学版），2008，14 (1)：56 - 59.

[167] 张桂文，孙亚南. 人力资本与产业结构演进耦合关系的实证研究 [J]. 中国人口科学，2014 (6)：96 - 106，128.

[168] 于泽，徐沛东. 资本深化与我国产业结构转型——基于中国1987—2009 年 29 省数据的研究 [J]. 经济学家，2014 (3)：37 - 45.

[169] 孙湘湘，周小亮，黄亮雄. 资本市场发展与产业结构升级 [J]. 产业经济评论，2018，29 (6)：86 - 104.

[170] 赵冉冉，沈春苗. 资本流动，产业集聚与产业结构升级——基于长三角 16 个中心城市面板数据的经验分析 [J]. 经济问题探索，2019 (6)：135 - 142.

[171] 李健，徐海成. 技术进步与我国产业结构调整关系的实证研究 [J]. 软科学，2011，25 (4)：8 - 13，18.

[172] 刘艺璇，贺建风. 科技要素投入对产业结构升级的影响——基于 2005—2016 年中国省际面板数据的实证研究 [J]. 科技管理研究，2020，40 (4)：180 - 185.

[173] 林毅夫，蔡防，李周. 中国奇迹：发展战略与经济改革 [M]. 上海：上海人民出版社，1999.

[174] 林毅夫，孙希芳. 经济发展的比较优势战略理论 [J]. 国际经济评论，2003 (11)：8 - 9.

[175] Pietrovelli C., Rabellotti R. Upgrading in Clusters and Value Chains in Latin America：The Role of Policies [M]. Inter - American Development-ment Bank Publications，2004.

［176］ Kaplinsky R. , Morris M. A Handbook for Value Chain Research ［M］. International Development Research Centre，2012.

［177］ Altenburg T. , Schmitz H. , Stamm A. Breakthrough? China's and India's Transition from Production to Innovation ［J］. World Development，2008，36（2）：325 – 344.

［178］ Caiani, Alessandro. Innovation Dynamics and Industry Structure Under Different Technological Spaces ［J］. Italian Economic Journal，2017，3（3）：307 – 341.

［179］ 唐清泉，李海威. 我国产业结构转型升级的内在机制研究——基于广东 R&D 投入与产业结构的实证分析 ［J］. 中山大学学报（社会科学版），2011，51（5）：191 – 199.

［180］ 黄林秀，欧阳琳. 经济增长过程中的产业结构变迁——美国经验与中国借鉴 ［J］. 经济地理，2015（3）：23 – 27.

［181］ 王桂月，徐瑶玉，王圆圆等. 我国科技创新对产业转型升级的影响分析 ［J］. 华东经济管理，2016，30（3）：83 – 90.

［182］ 周忠民. 湖南省科技创新对产业转型升级的影响 ［J］. 经济地理，2016（5）：115 – 120.

［183］ Nelson R. R. , Winter Sidney. The Schumpeterian Tradeoff Revisited ［J］. American Economic Review，1982，72（1）：114 – 132.

［184］ 辜胜阻，刘传江. 技术创新与产业结构高度化 ［J］. 武汉大学学报（哲学社会科学版），1998（6）：46 – 51.

［185］ 薛继亮. 技术选择与产业结构转型升级 ［J］. 产业经济研究，2013（6）：29 – 37.

［186］ 陶长琪，齐亚伟. 信息产业成长促进区域产业结构升级的作用机制 ［M］. 经济管理出版社，2014.

［187］ 林春艳，孔凡超. 中国产业结构高度化的空间关联效应分析——基于社会网络分析方法 ［J］. 经济学家，2016（11）：45 – 53.

［188］ 赵玉林，谷军健. 技术与制度协同创新机制及对产业升级的协

同效应 [J]. 中国科技论坛, 2018 (3): 1-9.

[189] Hoover E. M. Location of Economic Activity [M]. New York: McGraw – Hill, 1948.

[190] Taaffe E., Morril R. Transport Expansion in Underdeveloped Countries [J]. Geographical Review, 1963, 53 (4): 503-529.

[191] Krugman P. R. Increasing Returns and Economic Geography [J]. NBER Working Papers, 1990, 99 (3): 483-499.

[192] 蒋华雄, 蔡宏钰, 孟晓晨. 高速铁路对中国城市产业结构的影响研究 [J]. 人文地理, 2017 (5): 132-138.

[193] 李建明, 王丹丹, 刘运材. 高速铁路网络建设推动中国城市产业结构升级了吗? [J]. 产业经济研究 (双月刊), 2020 (3): 30-42.

[194] Jiwattanakulpaisarn P., Noland R. B., Graham D. J. Causal Linkages Between Highways and Sector-level Employment [J]. Transportation Research Part A Policy & Practice, 2010, 44 (4): 265-280.

[195] 冯白, 葛扬. 资本投向、产权性质与区域产业结构调整 [J]. 产业经济研究, 2016 (1): 1-10.

[196] 任晓红. 交通基础设施, 要素流动与制造业区位 [D]. 重庆: 重庆大学, 2010.

[197] Selod H., Soumahoro S. Transport Infrastructure and Agglomeration in Cities [M]. Raising the Bar for Productive Cities in Latin America and the Caribbean. 2018.

[198] 张景波. 交通基础设施建设对产业结构转型的影响研究 [J]. 云南财经大学学报, 2018, 34 (11): 35-46.

[199] 孙辉, 黄亮雄. 交通基础设施的空间溢出效应研究——基于 LP (2009) 的偏微分方法 [J]. 产业经济评论, 2018.

[200] 康继军, 郭蒙, 傅蕴英. 要想富, 先修路? ——交通基础设施建设, 交通运输业发展与贫困减少的实证研究 [J]. 经济问题探索, 2014 (9): 41-46.

［201］Estache A. On Latin America's Infrastructure Privatization and Its Distributional Effects ［J］. Social Science Electronic Publishing，2003.

［202］Fan S. G. ，Zhang X. B. Infrastructure and Regional Economic Development in Rural China ［J］. China Economic Review，2004，15（2）：203 - 214.

［203］刘晓光，张勋，方文全. 基础设施的城乡收入分配效应：基于劳动力转移的视角［J］. 世界经济，2015，38（3）：145 - 170.

［204］Bougheas S. ，Demetriades P. ，Morgenroth E. Infrastructure，Transport Costs and Trade ［J］. Journal of International Economics，1999，47（1）：169 - 189.

［205］Francois J. ，Manchin M. ，Tomberger P. Services Linkages and the Value Added Content of Trade ［J］. The World Economy，2015.

［206］陈海波，陈赤平. FDI、交通运输能力与制造业发展：基于224个城市的面板门槛模型的实证分析 ［J］. 世界经济研究，2018（6）：125 - 136，139.

［207］马明. 网络基础设施的两面性与区域创新能力非均衡发展［J］. 福建论坛（人文社会科学版），2016（7）：181 - 185.

［208］林春艳，孔凡超. 技术创新，模仿创新及技术引进与产业结构转型升级——基于动态空间 Durbin 模型的研究 ［J］. 宏观经济研究，2016（5）：106 - 118.

［209］Chandra A. ，Thompson E. Does Public Infrastructure Affect Economic Activity？［J］. Regional Science and Urban Economics，2000，30（4）：457 - 490.

［210］Holl A. Manufacturing Location and Impacts of Road Transport Infrastructure：Empirical Evidence from Spain ［J］. Regional Science and Urban Economics，2004，34（3）：341 - 363.

［211］Haines M. R. ，Margo R. A. Railroads and Local Economic Development：The United States in the 1850s ［J］. NBER Working Papers，2007.

［212］王洋，吴斌珍．基础交通建设能否促进当地经济的发展？——以青藏铁路为例［J］．经济学报，2014（1）：55－80.

［213］Zhang X. , Nie Q. High-speed Rail Construction and the Regional Economic Integration in China［J］．Modern City Study，2010（6）：7－10.

［214］Faber B. Trade Integration，Market Size，and Industrialization：Evidence from China's National Trunk Highway System［J］．the Review of Economic Studies，2014，81（3）：1046－1070.

［215］覃成林，种照辉．高速铁路发展与铁路沿线城市经济集聚［J］．经济问题探索，2014（5）：163－169.

［216］毛琦梁，王菲．空间接近能促进空间均衡吗？——基于交通发展对制造业增长的非线性影响研究［J］．产业经济研究，2017（6）：38－51.

［217］张述存．"一带一路"战略下优化中国对外直接投资布局的思路与对策［J］．管理世界，2017（4）：1－9.

［218］沈铭辉，张中元．中国境外经贸合作区："一带一路"上的产能合作平台［J］．新视野，2016（3）：110－115.

［219］程奕佳．对外贸易与环境污染——基于交通基础设施视角的实证分析［J］．管理现代化，2019（4）：108－110.

［220］Aida K. , Cooper W. W. , Pastor J. T. , Sueyoshi T. Evaluating water supply services in Japan with RAM：a range-adjusted measure of inefficiency［J］．Omega，1998，26（2）：207－232.

［221］张军，吴桂英，张吉鹏．中国省际物质资本存量估算：1952—2000［J］．经济研究，2004（10）：35－44.

［222］陈强．高级计量经济学及 Stata 应用（第二版）［M］．北京：高等教育出版社，2014.

［223］Lu Y. , Yu L. H. Trade Liberalization and Markup Dispersion：Evidence from China's WTO Accession［J］．American Economic Journal：Applied Economics，2015，7（4）：221－253.

［224］何德旭，姚战琪. 中国产业结构调整的效应、优化升级目标和政策措施 ［J］. 中国工业经济，2008（5）：46 - 56.

［225］Butollo F. , Ten Brink T. A Great Leap? Domestic Market Growth and Local State Support in the Upgrading of China's LED Lighting Industry ［J］. Global Networks, 2017, 18（1）：285 - 306.

［226］Ishida M. , Machikita T. , Ueki Y. How Export and Import Platforms Drive Industry Upgrading: Five Facts about Emerging Multinationals from Southeast Asia ［J］. Asian Journal of Technology Innovation, 2013, 21（1）：4 - 24.

［227］Ernst D. Upgrading through Innovation in a Small Network Economy: Insights from Taiwan's IT Industry ［J］. Economics of Innovation & New Technology, 2010, 19（4）：295 - 324.

［228］Holtz - Eakin D. , Newey W. , Rosen H. S. Estimating Vector Autoregressions with Panel Data ［J］. Econometrica, 1988, 56：1371 - 1395.

［229］Pesaran M. H. , Smith R. Estimating Long-run Relationships from Dynamic Heterogeneous Panels ［J］. Journal of Econometrics, 1995, 68（1）：79 - 113.

［230］Binder M. , Hsaio C. , Pesaran M. H. Estimation and Inference in Short Panel Vector Autoregressions with Unit Roots and Cointegration ［J］. Computing in Economics and Finance, 2001, 21（4）：5 - 69.

［231］Love I. , Zicchino L. Financial Development and Dynamic Investment Behavior: Evidence from Panel VAR ［J］. Quarterly Review of Economics & Finance, 2007, 46（2）：190 - 210.

［232］白雪梅，赵松山. 对动态经济计量建模过程的模型研究 ［J］. 中国软科学，2000（5）：121 - 124.

［233］秦建群. 向量误差修正模型的建立及实证 ［J］. 统计与决策，2008（17）：37 - 40.

［234］黄庆华，胡江峰，陈习定. 环境规制与绿色全要素生产率：两

难还是双赢？[J]. 中国人口资源与环境, 2018, 28 (11): 140 - 149.

[235] 连玉君. 中国上市公司投资效率研究 [M]. 北京: 经济管理出版社, 2009.

[236] 柯军. 产业结构升级与经济增长的关系 [J]. 统计与决策, 2008 (11): 83 - 84.

[237] 张抗私, 高东方. 辽宁省产业结构与就业结构协调关系研究 [J]. 中国人口科学, 2013 (6): 80 - 128.

[238] Caves R. E. American Industry: Structure, Conduct, Performance [M]. Englewood Cliffs, NJ: Prentice Hall, 1972.

[239] 范红忠. 有效需求规模假说、研发投入与国家自主创新能力 [J]. 经济研究, 2007, 42 (3): 33 - 44.

[240] 李平, 于国才. 有效需求、技术状态与研发投入 [J]. 经济评论, 2009 (1): 55 - 60.

[241] 郭旭, 孙晓华, 徐冉. 论产业技术政策的创新效应——需求拉动, 还是供给推动? [J]. 科学学研究, 2017, 35 (10): 1469 - 1482.

[242] 张中华. 论产业结构、投资结构与需求结构 [J]. 财贸经济, 2000 (1): 13 - 17.

[243] Loury G. C. Market Structure and Innovation [J]. Quarterly Journal of Economics, 1979, 71 (3): 44 - 74.

[244] Malerba F. Demand Structure and Technological Change: The Case of the European Semiconductor Industry [J]. Research Policy, 1985, 14 (5): 283 - 297.

[245] Woerz J. Skill Intensity in Foreign Trade and Economic Growth [J]. SSRN Electronic Journal, 2004, 32 (1): 117 - 144.

[246] 朱燕. 对外贸易对中国产业结构升级影响研究 [J]. 特区经济, 2010 (3): 256 - 257.

[247] 陈虹. 中国对外贸易结构与产业结构的关系研究: 文献述评 [J]. 改革与战略, 2010 (8): 183 - 186.

［248］ Bougheas S. , Demetriades P. , Morgenroth E. Infrastructure, Transport Costs and Trade ［J］. Journal of International Economics, 1999, 47 (1): 169 – 189.

［249］ Wilson J. S. , Mann C. L. , Otsuki T. Assessing the Benefits of Trade Facilitation: A Global Perspective ［J］. World Economy, 2005, 28 (6): 841 – 871.

［250］ Manchin F. M. Institutions, Infrastructure, and Trade ［J］. World Development, 2013, 46 (2): 165 – 175.

［251］ Limao N. , Venables A. J. Infrastructure, Geographical Disadvantage, Transport Costs, and Trade ［J］. World Bank Economic Review, 2001 (3): 451 – 479.

［252］ Duval Y. , Utoktham C. Behind the Border Trade Facilitation in Asia – Pacific: Cost of Trade, Credit Information, Contract Enforcement and Regulatory Coherence ［J］. Working Papers, 2009.

［253］ Djankov S. , Freund C. , Pham C. S. Trading on Time ［J］. Review of Economics and Statistics, 2010, 92 (1): 166 – 173.

［254］ Behrens K. International Integration and Regional Inequalities: How Important Is National Infrastructure? ［J］. The Manchester School, 2011, 79 (5): 952 – 971.

［255］ Edmonds C. , Fujimura M. Impact of Cross-border Road Infrastructure on Trade and Investment in the Greater Mekong Subregion ［R］. Inter – American Development Bank, 2006.

［256］ Edwards L. , Odendaal M. Infrastructure, Transport Costs and Trade: A New Approach ［R］. TIPS Small Grant Scheme Research Paper Series, 2008.

［257］ Martincus C. V. , Blyde J. Shaky Roads and Trembling Exports: Assessing the Trade Effects of Domestic Infrastructure Using a Natural Experiment ［J］. Journal of International Economics, 2013, 90 (1): 148 – 161.

［258］刘伦武. 交通基础设施建设对我国对外贸易增长的长、短期影响［J］. 价格月刊，2013（8）：79－82.

［259］陈丽丽，逯建，洪占卿. 交通基础设施的改善能带来多大的外贸增长？［J］. 投资研究，2014，33（9）：53－68.

［260］何敏，郭宏宇，竺彩华. 基础设施互联互通对中国东盟贸易的影响——基于引力模型和边界效应模型的研究［J］. 国际经济合作，2015（9）：56－63.

［261］陈永伟，胡伟民. 价格扭曲、要素错配和效率损失：理论和应用［J］. 经济学（季刊），2011，10（4）：1401－1422.

［262］Hsieh C. T. ，Klenow P. J. Misallocation and Manufacturing TFP in China and India［J］. Quarterly Journal of Economics，2009，124（4）：1403－1448.

［263］Asturias J. ，García－Santana M. ，Ramos R. Misallocation，Internal Trade，and the Role of Transportation Infrastructure［C］. Toronto：Society for Economic Dynamics，2014.

［264］Ghani E. ，Goswami A. G. ，Kerr W. R. Highway to Success：The Impact of the Golden Quadrilateral Project for the Location and Performance of Indian Manufacturing［J］. The Economic Journal，2015，126（591）：317－357.

［265］周海波，胡汉辉，谢呈阳，戴萌. 地区资源错配与交通基础设施：来自中国的经验证据［J］. 产业经济研究，2017（1）：100－113.

［266］张天华，高翔，步晓宁等. 中国交通基础设施建设改善了企业资源配置效率吗？——基于高速公路建设与制造业企业要素投入的分析［J］. 财经研究，2017，43（8）：122－134.

［267］张陈一轩，任宗哲. 改革开放40年来交通基础设施投资能够缓解要素错配么？［J］. 人文杂志，2019（1）：16－23.

［268］步晓宁，张天华，张少华. 通向繁荣之路：中国高速公路建设的资源配置效率研究［J］. 管理世界，2019，35（5）：50－69.

［269］张召华.交通基础设施改善能够缓解企业间资源错配吗——来自高铁建设的证据［J］.现代经济探讨，2020（1）：61-70.

［270］李兰冰，阎丽，黄玖立.交通基础设施通达性与非中心城市制造业成长：市场势力、生产率及其配置效率［J］.经济研究，2019（12）：182-197.

［271］朱卫平，陈林.产业升级的内涵与模式研究——以广东产业升级为例［J］.经济学家，2011（2）：60-66.

［272］黎绍凯，朱卫平，刘东.高铁能否促进产业结构升级：基于资源再配置的视角［J］.南方经济，2020（2）：56-72.

［273］吴继英，孙晓阳.技术创新对江苏产业结构演进的影响研究［J］.科技与经济，2015（2）：66-70.

［274］林春艳，孔凡超.技术创新，模仿创新及技术引进与产业结构转型升级——基于动态空间 Durbin 模型的研究［J］.宏观经济研究，2016（5）：106-118.

［275］支燕，白雪洁.我国高技术产业创新绩效提升路径研究——自主创新还是技术外取［J］.南开经济研究，2012，29（5）：51-64.

［276］Charnes A.，Cooper W. W.，Rhodes E. Measuring the Efficiency of Decision Making Units［J］.European Journal of Operational Research，1978，2（6）：429-444.

［277］易信，刘凤良.金融发展、技术创新与产业结构转型——多部门内生增长理论分析框架［J］.管理世界，2015（10）：24-39，90.

［278］丁一兵，傅缨捷，曹野.融资约束，技术创新与跨越"中等收入陷阱"——基于产业结构升级视角的分析［J］.产业经济研究，2014（3）：101-110.

［279］龚轶，顾高翔，刘昌新等.技术创新推动下的中国产业结构进化［J］.科学学研究，2013（8）：1252-1259.

［280］时乐乐，赵军.环境规制、技术创新与产业结构升级［J］.科研管理，2018，39（1）：119-125.

［281］梁双陆，梁巧玲. 交通基础设施的产业创新效应研究——基于中国省域空间面板模型的分析［J］. 山西财经大学学报，2016（7）：60 - 72.

［282］梁双陆，梁巧玲. 实物资本类型与我国区域产业创新效应差异比较［J］. 产经评论，2015（5）：5 - 19.

［283］Krugman P. Increasing Returns and Economic Geography ［J］. NBER Working Papers，1990，99（3）：483 - 499.

［284］Smit，M. J. Innovation Through New Blood ［J］. Annals of Regional Science，2017，58（3）：1 - 36.

［285］Agrawal A. K.，Mchale J.，Oettl A. Why Stars Matter ［J］. Nber Working Papers，2013.

［286］崔岩，于津平. "一带一路"国家交通基础设施质量与中国货物出口［J］. 当代财经，2017（11）：100 - 109.

［287］林毅夫，巫和懋，邢亦青. "潮涌现象"与产能过剩的形成机制［J］. 经济研究，2010（10）：4 - 19.

［288］罗能生，彭郁. 交通基础设施建设有助于改善城乡收入公平吗？——基于省级空间面板数据的实证检验［J］. 产业经济研究，2016（4）：100 - 110.

［289］Krugman P. Increasing Returns and Economic Geography ［J］. Journal of Political Economy，1991，99（3）：483 - 499.

［290］白俊红，刘宇英. 对外直接投资能否改善中国的资源错配［J］. 中国工业经济，2018（1）：60 - 78.

［291］季书涵，朱英明，张鑫. 产业集聚对资源错配的改善效果研究［J］. 中国工业经济，2016（6）：73 - 90.

［292］袁航，茶洪旺，郑婷婷. 创新数量，创新质量与中国产业结构转型互动关系研究——基于 PVAR 模型的实证分析［J］. 经济与管理，2019（2）：78 - 85.

［293］温忠麟，叶宝娟. 中介效应分析：方法和模型发展［J］. 心理

科学进展，2014，22（5）：731 –745.

［294］Hayes A. F. , Slater M. D. , Snyder L. B. The Sage Sourcebook of Advanced Data Analysis Methods for Communication Research ［M］. California：Thousand Oaks，2008.

［295］Fairchild, A. J. , Mcquillin, S. D. Evaluating Mediation and Moderation Effects in School Psychology：A Presentation of methods and review of current practice ［J］. Journal of School Psychology，2010，48（1）：53 –84.

［296］Fritz, M. S. , MacKinnon, D. P. Required Sample Size to Detect the Mediated Effect ［J］. Psychological Science，2007，18（3）：233 –239.

［297］Hayes, A. F. , Beyond, B. K. Statistical Mediation Analysis in the New Millennium ［J］. Communication Monographs，2009（76）：408 –420.

［298］MacKinnon, D. P. , Lockwook, C. M. , Williams, J. Confidence limits for the Indirect Effect：Distribution of the Product and Resampling Methods ［J］. Multivariate Behavioral Research，2004（39）：99 –128.

［299］Ntzoufras, I. Bayesian Modeling using WinBUGS ［M］. State of New Jersey：Wiley：Hoboken，2009.

［300］Yuan, Y. , MacKinnon, D. P. Bayesian Mediation Analysis ［J］. Psychological Methods，2009.

［301］Wen, Z. L. , Ye, B. J. Analyses of Mediating Effects：the Development of Methods and Models ［J］. Advances in Psychological Science，2014，22（5）：731 –745.

［302］温忠麟，叶宝娟. 有调节的中介模型检验方法：竞争还是替补？［J］. 心理学报，2014，46（5）：714 –726.

［303］罗斯托，经济成长的阶段 ［M］. 北京：商务印书馆，1962.

［304］洪锃. 资源错配问题和效率损失的文献综述 ［J］. 特区经济，2016（11）：109 –112.

［305］高辰颖. 资源错配与产业结构变迁——基于资源错配导致的产业结构失衡影响效应及原因的研究 ［D］. 北京：首都经济贸易大学，

2017.

[306] 陈万灵，杨永聪．全球进口需求结构变化与中国产业结构的调整 [J]．国际经贸探索，2014，30（9）：13－23，48.

[307] 魏江，李拓宇，赵雨菡．创新驱动发展的总体格局、现实困境与政策走向 [J]．中国软科学，2015（5）：21－30.

[308] 赵庆．产业结构优化升级能否促进技术创新效率？ [J]．科学学研究，2018，36（2）：239－248.

[309] 李路路，朱斌，王煜．市场转型、劳动力市场分割与工作组织流动 [J]．中国社会科学，2016（9）：126－145.

[310] 江三良，纪苗．技术创新影响产业结构的空间传导路径分析 [J]．科技管理研究，2019，39（13）：15－23.

[311] 来逢波，袁翠，张秀惠等．运输结构调整与区域产业结构的协整关系及响应效应 [J]．综合运输，2018，40（12）：109－117.

[312] 来逢波，耿聪，王海萍．交通基础设施投资对区域产业发展作用强度的差异性研究 [J]．东岳论丛，2018，39（10）：54－61.

[313] 柴建，刑丽敏，周友洪．交通运输结构调整对碳排放的影响效应研究 [J]．运筹与管理，2017，26（7）：110－116.

[314] 陈淑玲，康兆霞，武剑红．运输结构调整政策的国际比较及启示 [J]．铁道运输与经济，2018，40（2）：33－37.